NOTICE HISTORIQUE

SUR LA

COMMUNE D'ENTRAMNES.

NOTICE

HISTORIQUE

SUR LA

COMMUNE D'ENTRAMNES

(Mayenne)

PAR M. L. LA BEAULUÈRE

Auteur des *Recherches sur les Corporations d'Arts & Métiers du Comté-pairie de Laval, avant 1789.*

LAVAL

IMPRIMERIE DE H. GODBERT, LIBRAIRE-ÉDITEUR

Rues de la Trinité, 25, & du Pin-Doré.

1855

ENTRAMNES.

Nom. — Entramnes, Antrasmes, Entrammes, (*Inter amnes*), commune de l'arrondissement et du canton Est de Laval. Elle prend son nom de ce que le bourg et partie de son territoire sont situés entre trois rivières, la Mayenne, la Jouanne et l'Ouette. Poste par Laval. Service quotidien. Succursale : autrefois de l'archidiaconé de Sablé, dans le doyenné de Sablé, au-delà de l'Ouette ; anciennement faisant partie du comté de Laval, élection de Laval ; aujourd'hui de l'archiprêtré de Saint-Vénérand.

Description. — Le bourg, à 10 kilomètres de Laval, 4 de Parné, 4 de Forcé, 4 de Maisoncelles, 6 d'Avesnières, 12 de Villiers-Charlemagne, 4 de Nuillé et 4 de l'Huisserie.

Bornée au Nord par la commune d'Avesnières, au Sud par celle de Villiers-Charlemagne, à l'Est par celles de Bonchamps, Forcé, Parné et Maisoncelles, à l'Ouest par la Mayenne, qui la côtoye dans toute sa longueur, et la sépare des communes de l'Huisserie, Nuillé et Houssay.

Sa forme est très allongée, sur une longueur d'environ 9 kilomètres du Nord au Sud et une largeur d'environ 4 kilomètres dans sa plus grande étendue.

Le bourg est situé à peu près au milieu de la paroisse, dans un vallon qui descend à la rivière de la Jouanne. Il est formé par la rencontre de deux rues faisant angle droit, et est traversé par la route impériale N° 162, d'Angers à Caen, qui parcourt la commune dans toute sa longueur, et la partage en deux parties égales. Une nouvelle rue, ouverte dans l'ancien cimetière, conduit aux chemins de Forcé et de Parné.

Population. — La paroisse comptait avant la Révolution pour 250 feux. Sa population, d'après les recensements modernes, est en 1828 de 1,059 habitants; 1844, de 1,403; 1846, de 1,438. Dernier recensement, population totale : 1,500 habitants; flottante : 86; sédentaire : 1,414; agglomérée : 558.

Impositions. — Entramnes payait, avant 1789, 5,547 livres de taille et 2,594 livres de capitation; aujourd'hui elle paye en contributions foncière, personnelle, mobilière, portes et fenêtres et centimes additionnels : 15,184 fr. 57 c., rôle de 1852. Percepteur résidant à Parné.

Cadastre. — *Division des terres.* — Commune cadastrée en 1810, contenant 6,545 hect. 84 ares 93 cent. de terres imposables. — Terres non imposables : 130 hect. 37 ares 25 cent. — Total : 667 hect. 22 ares 18 cent., ainsi divisés :

TERRES IMPOSABLES :	HECT.	ARES.	CENT.
Terres labourables.	1,752	11	27
Vergers.	7	07	»»
Jardins	27	93	14
Prés	380	04	33
Pâtures , Pâtis , Frîches. . . .	149	58	44
Bois taillis.	86	04	50
Futaies	9	62	45
Châtaigneraies.	30	49	37
Etangs , mares.	61	99	83
Aires	»»	85	08
Maisons.	19	05	70
Carrières	»»	8	60
Chemins particuliers.	»»	95	57
Landes	20	05	73
Moulins.	»»	3	92
Total.	6,545	84	93
TERRES NON IMPOSABLES :			
Rivières , ruisseaux	49	45	81
Chemins , places publiques. . .	80	47	06
Eglise , cimetière	»»	27	35
Bâtiments communaux.	»»	6	95
Jardin du presbytère.	»»	10	10
Total.	130	37	25

Établissements de charité. — Bureau de bienfaisance, anciennement doté par la charité de diverses personnes.

Un établissement de Sœurs d'Evron, fondé au moyen de fonds provenant de droits sur les landes de la Croix-Bataille, lors de la vente de ces landes.

Les Sœurs distribuent des secours aux malades de la paroisse.

Instruction. — Instituteur primaire. — Maison d'école construite en 1852, dans une partie de l'ancien cimetière.

Environ quatre-vingts enfants fréquentent l'école.

Ecole des filles tenue par les Sœurs d'Evron : Environ cent élèves.

Histoire ecclésiastique. — L'église est sous le vocable de saint Etienne, premier martyr. La cure, estimée 800 livres, était jadis à la présentation de l'abbé d'Evron. On y comptait mille communiants. (Le Paige).

Saint Julien, pendant son épiscopat, consacra entr'autres églises, celle d'Entramnes. (Mabillon. — *Analecta*).

L'église devait de cens annuel, à la cathédrale du Mans, du temps de saint Julien : 2 livres de cire, 3 livres d'huile et 2 *triens*.

Saint Aldrik, évêque du Mans, fit restaurer le monastère de Sainte-Marie-de-Gourdaine, sur la rivière de Sarthe, auprès de la ville du Mans. Avec l'autorisation de l'empereur Louis-le-Débonnaire et de son épouse Judith, il y fit venir, du monastère d'Entramnes, des religieuses qui suivaient la règle de saint Benoît. (BALUZE. *Miscellanea. Cenomania*). Cet évêque, pendant le temps de son épiscopat, qui dura depuis 832 à 856, consacra jusqu'au nombre de 65 religieuses au monastère d'Entramnes. (*Annales de saint Bertin*). Et, par le testament qu'il fit vers l'année 838, époque à laquelle, étant âgé de 38 ans, il fut appelé à la cour de l'Empereur, il leur fit de grands dons. (*Cenomania*).

Dans l'année 1125, Hildebert, évêque du Mans, confirma aux religieux d'Evron, en faveur de Daniel-le-Chauve, qu'il avait envoyé pour rétablir la discipline régulière dans cette communauté, la possession de l'église d'Entramnes, *Ecclesiam de Intramnis*. (*Cart. d'Evron*.)

L'époque de la destruction du monastère d'Entramnes est inconnue. Elle dut avoir lieu dans les diverses invasions des Barbares, Normands et Bretons, qui dévastèrent à plusieurs reprises, dans le cours du Xe siècle, tout le pays situé entre la Mayenne et la Loire. Il est difficile de fixer la place que ce monastère occupait dans le bourg d'Entramnes. Vers 1840, en faisant des travaux dans le jardin du presbytère, on trouva, sous le sol, des restes de murs et quelques fragments de poteries, qui indiquaient d'anciennes constructions. Ces restes de maçonnerie peuvent faire croire que là était situé le monastère de saint Aldrik, attenant à l'église.

L'église, consacrée par saint Julien, eut le même sort que le monastère, et vraisemblablement à la même époque. Il existe encore au pignon, du côté de l'Ouest, des portions de murs échappées à la destruction. On y voit des cordons de briques, qui attestent l'existence d'un édifice appartenant à une époque reculée. L'église actuelle, d'après tous ses caractères archéologiques, appartient au XIe siècle, époque où elle fut rebâtie sur l'emplacement de la première. Les trois absides du haut de l'église, ainsi que le côté Sud, en présentent tous les caractères. Au XVIe siècle, on a reconstruit le côté Nord, et on a agrandi la nef en reculant le mur : ce qui a mis de l'irrégularité dans l'église, en plaçant le chœur dans un des côtés de la nef.

Le style des nouvelles ouvertures, et d'anciens titres de la Baronnie, nous font connaître l'époque de cette reconstruction. En l'année 1544, les marguilliers, manants et habitants de la paroisse d'Entramnes, vendent pour le prix de 12 liv. 10 s., payés en 5 escus soleil, et 25 s. de monnoye, à Jehanne Enjubault, veuve Laurent Le Moulnier de Laval, une rente de deux boisseaux de seigle sur la terre de Montigné, en la paroisse d'Entramnes. Les vendeurs promettent employer cet argent à la réédification ou réparation de leur église. (*Anciens titres de la Baronnie*).

La tour, du XIe siècle, est surmontée d'une flèche du XVIe. Le maître-autel est à la romaine ; aucun ornement ne décore le grand arc qui sépare la nef d'avec le chœur. Charles de Maillé, et Marie de Savonnières sa femme, comme on le voit par leurs armoiries qui y sont figurées, décorèrent d'ornements dorés, dans le style Louis XV, l'arc intérieur qui sépare le sanctuaire du chevet.

Les seigneurs d'Entramnes avaient leur sépulture

dans la chapelle, dite aujourd'hui de la Vraie Croix, anciennement chapelle du château, dans le transept du côté de l'Evangile. On y voit encore, adossé au mur, le socle d'un tombeau en marbre, qui avait été érigé à Charles de Maillé et à Marie de Savonnières, seigneurs de la Baronnie d'Entramnes. La pierre de marbre qui portait l'inscription gravée en lettres d'or, aux armes des de Maillé et de Savonnières, sculptées en relief, a été enlevée par la Révolution, et n'a point été replacée.

Une croix en marbre, incrustée dans le carrelage de la chapelle, avec ces mots *Hic jacent*, indique le lieu de sépulture.

Le presbytère a été augmenté par M. Dehoullière de Bois Bureau, curé d'Entramnes en 1732. Il tient à l'église, et y communique par son intérieur.

Le seigneur d'Entramnes avait le titre de fondateur de l'église et du cimetière d'Entramnes. Il avait le droit de pourvoir l'église de sacriste. Le curé tenait de lui son presbytère. *(Aveu de 1633)*.

Le cimetière tenait à l'église, il a été transféré depuis quelques années hors du bourg, et partie de l'ancien a été aliénée; sur l'autre partie on a construit en 1852 la maison d'école où se trouve la mairie.

Il existait jadis une chapelle dans ce cimetière, nommée *la Chapelle aux Rivault*, seigneurs de la cour d'Ouestre. Une fondation de deux messes y avait été établie par Me Ollivier Mottin, prêtre, par testament du 13 mai 1626. Les deux messes, après la destruction de la chapelle, furent réduites à une seule. Dame Marie Bouessay, femme de Jean-Baptiste-François Lemoyne de la Croixille, obtint l'autorisation de Mgr l'évêque du Mans de la faire célébrer dans l'église de Saint-Vénérand.

Une assemblée de paroisse du 7 mai 1758, présidée par Messire Charles-Louis de Maillé, baron d'Entramnes, donne décharge à M. René-François de la Motte-Moraine, procureur du sieur Lemoyne de la Croixille, de la somme de 500 livres léguée par le sieur Mottin, prêtre, pour l'honoraire des messes à célébrer dans la chapelle aux Rivault, au cimetière d'Entrammes.

CURÉS QUI ONT DESSERVI L'ÉGLISE D'ENTRAMNES DONT ON A RETROUVÉ LES NOMS.

1492. Nicolle Puissant. (*Titres du Breil aux Francs. Arch. de la Vienne*).

1601. Elie Gauden, chanoine de Saint-Tugal de Laval.

1631. Elie Croissant, inhumé dans l'église près la chaire, le 30 mars 1637. *(Reg. de l'état civil.)*

1642. Du Loir.

1674. Thomas Simon.

1682. A. de Masseilles. Sorti de la Compagnie de MM. de l'Oratoire, fut curé en 1682.

1734. Dehoullière de Bois Bureau.

1737. Le Tessier.

1780. Madiot, curé en 1758.

1808. Beucher (Jean-Baptiste), mort en 1838.

1838. François Chevallier.

Prieuré du Port-Reingeard. — Trappistes. — Thibault de Mathefelon, seigneur d'Entramnes, donna, en 1233, à l'abbaye de la Reales, en Poitou, la métairie du *Port Reingeard*, ou *Port Engeard*, avec toutes ses dépendances. Il y édifia, du consentement de Geoffroy de Laval, évêque du Mans, un oratoire ou chapelle, en l'honneur de la Bienheureuse Vierge Marie et de saint Nicolas, confesseur, et y établit six frères de l'ordre de saint Augustin pour y prier Dieu, à perpétuité, pour lui, ses ancêtres et ses successeurs. (*Charte de fondation.* Bourjolly.)

Robert des Cepeaux, fils aîné de Sylvestre des Cepeaux (Voir l'art. Astillé), fut un des bienfaiteurs de ce prieuré, et lui fit de grands dons.

En 1242, Geoffroy, abbé de la Reales, céda à l'abbaye de Fontaine-Daniel, tous les droits qu'il avait, soit pour le prieuré du Port-Reingeard, soit pour d'autres prieurés, sur la métairie de *Saudecie* et ses dépendances dans la commune de Montflours, au fief du seigneur de Saint-Berthevin, renonçant à tous les dons que lui avaient faits Eudes de Saint-Berthevin et d'autres seigneurs. (*Cartul. de Fontaine-Daniel. Biblioth. impériale*).

Raynauld Faybel, seigneur de la Gendronnière, donne en 1259, au prieuré conventuel du Port-Reingeard, la métairie de la *Verrie.* Jehan Brochard, seigneur du Plessis-Brochard, en la paroisse de Quelaines, indemna ce don, et *abourna le rachat à la somme de 40 s. à muances de prieur.* (*Généal. de Quatrebarbes*).

Aymon, abbé de l'abbaye de la Reales, avait vendu

à Hubert de Mathefelon, écuyer, pour 50 sols tournoys de rente perpétuelle, la maison et le domaine de Lancheneil, en la paroisse de Nuillé-sur-Vicoin. Le prieur et les religieux du prieuré du Port-Reingeard trouvaient que le recouvrement de cette rente était trop onéreux pour eux, d'autant mieux que chaque année ils avaient de vives contestations avec Hubert, au sujet du paiement. Après délibération, le chapitre général, en l'année 1298, la veille de l'Ascension, fit l'abandon de cette rente à Hubert de Mathefelon, avec le consentement du prieur et des religieux du Port-Reingeard, pour une somme de 25 livres tournoys, qu'ils reconnaissent avoir reçue en argent, et qu'ils s'engagent à employer aux réparations et à la construction de leur prieuré, ou pour acheter des immeubles situés dans la paroisse d'Azé, près Château-Gontier, qui avaient appartenu à feu Hyllaire, (*Charte, scellée sur queue, en cire, représentant d'un côté une Vierge portant un enfant sur ses genoux, — probablement les armes de l'abbaye de la Réales; — de l'autre côté, un oiseau,* râle ou perdrix, *courant les ailes éployées, — peut-être les armes du Prieuré du Port-Reingeard.*)

En 1680, un seul religieux habitait le prieuré avec le prieur titulaire. Le prieuré était évalué à la somme de 3,000 livres. (Leclerc du Flécheray).

PRIEURS DE L'ANCIEN PRIEURÉ DONT ON A RECUEILLI LES NOMS.

1. 1417. Frère Pierre Cotton, prieur.
2. 1538. Frère Jehan France, prieur. (*Arch. de la Vienne*).

3. 1558. Vénérable et discret maître Ambroise Amy, prêtre, chanoine prébendé en l'église collégiale de Saint-Tugal de Laval, prieur commandataire en 1558.

4. 1608. Loys Chetoul, prieur du Port-Reingeard. (*Registre des baptêmes de l'église d'Entramnes*).

5. 1621. Frère René Fouquet, prieur.

6. 1622. Jehan Verrier, sacristain du prieuré. (*Reg. de l'Etat civil*).

7. 1652. Frère François Garnier, prieur en 1652. (*Etat civil d'Entramnes*).

8. 1670-1705. François Marest, prieur; Jacques Guyard, prêtre sacristain. (*Arch. de la Vienne*).

9. 1720. Charles Joseph Du Buat.

10. 1740. Jacques Letellier, recteur.

11. 1751. Bossard de Malainville, chanoine régulier, prieur titulaire.

12. 1781. Du Buat.

13. 1785. Robert.

14. 1789. Antoine Boucard, prieur claustral.

Au cours de la Révolution de 1789, le prieuré conventuel subit le sort des autres maisons religieuses, et fut aliéné comme propriété nationale.

Le 21 février 1815, M. Le Clerc de la Roussière le racheta, et y appela des religieux qui suivaient la règle de saint Benoît et les statuts de l'ordre de Cîteaux, réforme de M. de Rancé.

Après avoir rétabli ces lieux abandonnés depuis bien des années, et les avoir mis en état de recevoir un plus grand nombre de personnes, une réunion de Trappistes, faisant partie du démembrement de l'abbaye de Darfeld, en Westphalie, supprimée en 1811, et qui provisoirement s'étaient établis à la ferme de la Douillère, en la paroisse de Louvigné, vint, sous la conduite du Révérend Père Dom Bernard (François Le Bègue de Girmond), son supérieur, prendre possession du nouveau monastère et y planter sa croix.

Cette maison n'offre qu'une réunion de bâtiments simples, qui semblent n'avoir été construits qu'à mesure qu'on en a senti la nécessité. Elle est située sur le bord de la Mayenne, dans une position pittoresque, au milieu de rochers qui la dominent.

L'église a été agrandie au moyen d'une quête faite en 1822 par le Père Marie-Joseph de Géramb, ancien chambellan de l'empereur d'Autriche.

Cette quête produisit, dit-on, dans la ville de Laval, une somme de 2,500 francs Le 3 juillet 1824, les travaux étant terminés, Mgr de La Myre, évêque du Mans, consacra l'église et la mit sous l'invocation de la Vierge et de saint Bernard.

La prière et le travail occupent tous les instants des religieux trappistes. Ils doivent vivre du produit du travail de leurs mains, et abandonner aux pauvres le surplus de leurs labeurs. Leur travail consiste en agriculture et jardinage. On voit au monastère des ateliers de tissage pour la confection des étoffes qui servent aux vêtements des religieux, des ateliers de cordonniers; en général on y exerce tous les arts qui servent à leur usage : la laiterie, où se préparent les fromages; la brasserie, qui fournit la bière pour les ouvriers et les étrangers ; la forge, où se fabriquent les instruments nécessaires à leurs travaux, etc....

Une paix profonde règne à la Trappe, on ne s'y communique les idées, suivant les nécessités, que par signes : tout s'y accomplit dans le silence le plus absolu.

Les étrangers et visiteurs y sont reçus ; une hôtellerie est destinée à leur logement. Un Père, faisant les fonctions d'hôtelier, y reçoit les visiteurs avec la plus grande bienveillance et aménité.

Après la réception à l'hôtellerie, on est d'abord conduit à l'église, en traversant le cloître. L'église n'a d'autres ornements que sa simplicité et son extrême propreté ; on visite ensuite le réfectoire, le dortoir et la salle du Chapitre.

Dans ce dernier lieu on remarque une suite de dessins représentant la vie de saint Bernard, dûs au crayon de M. Hippolyte Beauvais, artiste de Laval ; cette collection, du plus grand mérite, a, dans ce moment, les honneurs de l'Exposition Universelle de Paris.

On va visiter encore la chapelle, construite dernièrement sous le vocable de Immaculée Conception, et communiquant avec l'église de la communauté par un couloir qui laisse pénétrer les voix des religieux chantant leur office.

Cette chapelle est réservée exclusivement aux personnes du dehors qui ne peuvent plus, à moins de permission particulière du Révérend Père Abbé, assister aux offices dans l'église intérieure. L'entrée de la chapelle est interdite aux religieux.

Elle mérite d'être visitée ; on y admire une belle voûte, bleu azur, parsemée d'étoiles, un escalier en spirale conduisant à la tribune, travail d'un frère de la maison. Les sujets représentés par la peinture sont emblématiques, et relatifs à la Sainte-Vierge.

On y voit encore la Vierge de l'antique prieuré de Saint-Melayne, conservée pendant la Révolution, et restaurée par dom François d'Assise, le dernier abbé. Deux tableaux dûs au pinceau de M. Beauvais (de Laval), décorent aussi la chapelle. L'un, la Communion de la Trappe, représente le moment de la messe où toute la communauté reçoit à la sainte Table le corps du Sauveur, des mains du Révérend Père Abbé; l'autre tableau représente saint Siméon-Stylite sur sa colonne.

Les pauvres trouvent l'hospitalité et des aumônes abondantes à la Trappe. On y reçoit les infirmes dans un hospice, où on leur administre tous les soins que leur état réclame.

C'est dans cette retraite éloignée du monde, après une longue vie d'austérités et de mortifications, qu'arrivé enfin au dernier terme de la vie, le trappiste mourant, *étendu sur un peu de paille et de cendres, dans le sanctuaire de l'Eglise, appelle à la vertu ses frères rangés autour de lui, tandis que la cloche funèbre sonne ses dernières agonies.* (CHATEAUBRIAND. *Génie du Christianisme.*)

Plusieurs coups, suivant la dignité, frappés sur une table de bois, appelée la *tablette des morts*, et appliquée sur le mur dans le cloître, annoncent aux religieux qu'un de leurs frères est sur le point d'être appelé devant le Souverain Juge, pour y rendre compte du temps qu'il a passé sur la terre. La communauté se rassemble aussitôt à l'église et se met en prières, afin d'obtenir pour le moribond la commisération du Sauveur, et demander pour lui le pardon de ses fautes pendant son séjour dans ce monde.

A peine est-il expiré, que le corps, revêtu de ses habits de religieux, est transporté dans l'église sur un brancard. Son visage reste découvert ; deux de ses frères veillent auprès de sa dépouille mortelle, récitant des prières.

Nulle différence entre les obsèques des religieux, tous sont égaux. L'Abbé seul a trois absoutes, et son corps est déposé dans le sanctuaire.

La communauté chante le psaume *In exitu Israël de Ægypto*, en transportant le corps au champ du repos. Après les cérémonies et les prières autour de la fosse, quatre frères descendent le corps dans la fosse au moyen de bandelettes. L'infirmier qui lui a rendu les derniers services pendant sa maladie, descendu le premier, reçoit le corps, l'étend et recouvre la figure avec le capuchon.

Après l'inhumation, la communauté revient en récitant les *Psaumes de la Pénitence.* En entrant dans l'église, tous se prosternent et restent étendus sur la terre pendant toute leur durée.

Durant les trente jours qui suivent la mort d'un religieux, un Christ est posé sur la table, au réfectoire, devant la place qu'il occupait et qui est restée vide. Sa portion est servie comme s'il vivait encore ; après le repas, elle est distribuée aux pauvres à la porte du couvent. Le mois écoulé, son nom est rayé, une simple croix de bois sur sa fosse, rappelle son séjour dans le monastère.

L'élection de l'Abbé ou supérieur présente un tableau de mœurs antiques du moyen-âge dont la génération actuelle est si avide de recueillir quelques débris. L'admirable règle de saint Benoît est arrivée, jusqu'à nos jours, sans réforme ni altération ; c'est encore cette belle règle, si claire et si précise, telle que ce saint religieux la dictait à ses moines au Mont-Cassin, au VIe siècle.

L'Abbé est électif et à vie. Les Pères seuls sont appelés à le nommer. Un Abbé d'une autre maison appartenant au même ordre, vient présider l'élection, sans y prendre part. Les statuts veulent que deux étrangers à la maison y soient présents, afin que, si besoin en est, ils puissent attester de la régularité de l'opération.

L'élection de l'Abbé est entourée de tout ce qui peut contribuer à lui donner de la solennité, et lui imprimer un caractère imposant. Les Pères, auxquels seuls appartient le choix du Révérend Père, sont réunis dans la salle du chapitre, dans le plus grand silence. Après avoir invoqué les lumières de l'Esprit-Saint par le chant de l'hymne *Veni Creator*, on fait lecture du chapitre de la règle qui concerne l'élection de l'Abbé ; le président expose le sujet de la réunion ; il leur dit en peu de mots les qualités qu'ils doivent rechercher dans celui de leurs frères qu'ils vont choisir pour leur supérieur, et quels sont les motifs qui doivent les diriger dans leur choix.

Trois scrutateurs et un secrétaire sont choisis. Les

témoins étrangers prêtent serment sur l'Evangile de dire la vérité sur ce qu'ils auront vu, si l'on vient à avoir besoin de leur témoignage. Les scrutateurs et le secrétaire font le serment de dépouiller le scrutin avec la plus grande fidélité et sincérité, et de ne divulguer sous aucun prétexte le secret du vote. Chaque Père s'engage individuellement, à ne point se laisser guider dans le choix qu'il va faire par aucune affection ni antipathie particulière, et de n'avoir en vue que le bien de l'Eglise et celui de la communauté.

Au milieu de la salle du chapitre sont, au bureau, les scrutateurs, le secrétaire et les deux témoins. A l'extrémité supérieure est le président, assis dans la stalle du Père Abbé ; à l'autre extrémité, sont deux tables pour les votants. Chaque Père, dans l'ordre de sa profession, se rend au scrutin, y écrit son vote en ces termes : *Moi, Père N..... choisis le Père N..... pour Abbé de cette maison*, et signe son billet. Il le roule, l'attache et le dépose dans l'urne placée sur la table des scrutateurs. Il se retire ensuite de la salle.

Le vote se fait dans un silence profond ; il est défendu de se concerter, ni de faire voir, même par signe, celui pour qui l'on a voté, ou pour lequel on a de la préférence.

Le bureau, moins le secrétaire qui s'est retiré après avoir déposé son vote, fait le dépouillement du scrutin. Le président n'y prend point part. La majorité des voix, plus une, fait l'élection. Si le scrutin donne un résultat, le président des scrutateurs se lève et s'adressant au président dit : *Habemus electionem.* Il donne le nombre de voix obtenues ; dans le cas contraire, il dit *Non habemus electionem* , et il énumère les noms des candidats et le nombre de voix obtenues par chacun d'eux.

Les Pères étant rentrés, le président leur annonce le résultat du vote. S'il n'y a pas eu élection , il leur fait connaître les concurrents et le nombre de voix que chacun a obtenues ; le scrutin recommence. Si l'élection est faite , après l'avoir annoncé , il demande si quelqu'un a des observations à présenter sur l'élection, et si d'avance ils acceptent celui qui a réuni le plus grand nombre de suffrages.

Après l'assentiment donné par toute la communauté en disant *volumus* , le président proclame celui qui doit être à la tête du monastère. Le nouvel élu prête serment sur l'Evangile et entre les mains du président, de gouverner sa communauté comme un père de famille, de veiller à la conservation de ses biens, et de ne les employer qu'au bien de tous. Le secrétaire, le chantre et les deux témoins étrangers vont alors proclamer l'élection à haute voix à la porte du chapitre , à celle de l'église et à la principale entrée du couvent.

Le procès-verbal est rédigé et signé par le président, les scrutateurs , les témoins et tous les Pères.

Le nouvel Abbé est conduit à la stalle qu'il occupera au chapitre. On lui remet les clefs , le sceau et les autres insignes de sa nouvelle dignité. Les frères convers et les novices sont rentrés dans la salle du chapitre. La communauté entière vient à ses pieds prêter le serment d'obéissance ; il leur donne le baiser de paix.

Après toutes ces cérémonies accomplies , le président entonne le *Te Deum*, on se rend processionnellement à l'église, l'Abbé est installé à sa place de chœur, il donne sa bénédiction à tout le peuple, à la porte de l'église.

Lorsque les provisions sont revenues de Rome, la consécration et l'installation de l'Abbé sont faites par l'Evêque diocésain. La mître, l'anneau et la crosse lui sont remis avec tout le cérémonial indiqué par le *Pontifical romain.*

Trois supérieurs ont gouverné cette maison depuis son rétablissement. Le premier, Dom François Le Bègue de Girmond, qui vint, à la tête de ses frères, processionnellement, le 21 février 1815, prendre possession du Port-Reingeard, nommé le *Port du Salut*, et l'a gouverné jusqu'à l'année 1830, où il se démit de ses fonctions; il est mort le 20 juin 1834.

Le deuxième, Dom François d'Assise Couturier, ancien professeur de théologie au Séminaire Saint-Sulpice, à Paris, entré en religion en 1829, fut nommé supérieur en 1830. Mort le 19 juin 1854.

Dom François Bernardin, élu le 10 juillet 1854, a été consacré le dimanche, 24 septembre suivant, par Mgr l'Evêque d'Angers (l'Evêque du Mans étant malade); il gouverne aujourd'hui la maison.

Soixante-quinze religieux habitent cette communauté; on y suit l'étroite observance de la réforme de Rancé.

Le cimetière existait dans le cloître; il a été transféré dans le jardin, en dehors des bâtiments. Les restes des religieux décédés avant ce temps, y ont été transportés. On voit dans ce champ du repos trois pierres tombales; une d'elles est celle de M. Le Clerc de la Roussière, le fondateur de la communauté ; les deux autres indiquent le lieu de sépulture des deux Abbés qui ont été à la tête du monastère depuis sa restauration. En voici les inscriptions :

†
I H S
HIC JACET NOBILIS GENERE, VIRTUTIBUSQUE
NOBILIOR DOMINUS J. B. LE CLERC DE LA ROUSSIÈRE,
MONASTERII HUJUS SUIS SUMPTIBUS ACQUISITI
RESTAURATOR.
DEI CULTOR EXTITIT PIISSIMUS, MISERORUM PARENS,
SIBI PARCUS, ALIIS PRODIGUS NOTISQUE
OMNIBUS FLEBILIS.
OCCUBUIT DIE 3° MENSIS MARTII, ANNO REPARATÆ
SALUTIS 1823, ÆTATIS SUÆ 67.
REQUIESCAT IN PACE.

(Composé par le R. P. de Girmond, 1er abbé du monastère).

D. O. M.
HIC JACET R. D. BERNARDUS LE BÈGUE DE GIRMOND,
MIRECURTII, NOBILI PROSAPIA, DIE 26 JUNII
AN 1758, NATUS ;
PRIMO MORIMUNDI, ORDINIS CISTERCIENSIS ANNO 1779,
DEINDÈ DARFELDI, STRICTIORIS OBSERVANTIÆ,
DE TRAPPA, ANNO 1799, PROFESSUS ;
POSTEA, HUJUSCE MONASTERII PRIMUS ABBAS
FUNDATOR QUE ; QUOD CURA PERVIGILI AMPLIAVIT, AC
SUMMO DISCIPLINÆ REGULARIS STUDIO, CUM
PER 15 ANNOS REXISSET, SOLI DEO VACARE GESTIENS,
SPONTANEÈ CESSIT PRÆFECTURA ; ATQUE MERITIS
PLENUS, EX HAC LACRYMARUM VALLE MIGRAVIT, DIE
22 JUNII ANNO 1834, ÆTATIS 76, PROFESSIONIS 55.
REQUIESCAT IN PACE.

(Composée par son successeur D. François d'Assise.)

HIC JACET R. D. FRANCISCUS ASS.
ABBAS MONASTERII HUJUS BEATÆ MARIÆ DE TRAPPA,
PORTUS SALUTIS SECUNDUS, OLIM CONGREGAT.
SANCTI SULPICII SODALIS EGREGIUS, RANCEI AMATOR
ET ÆMULUS, REFORMATIONIS PROPUGNATOR
STRENUUS, MONACHORUM SUORUM EXEMPLAR ET
HUMILIS SERVUS, PAUPERUM PATER, ÆTATIS SUÆ LVI,
PROFESSIONIS RELIGIOSÆ XXV, ABBATIALIS
GUBERNII XXIV, AB INCARNATIONE MDCCCLIV, DIE VERO
JUNII XIX, OBDORMIVIT DOMINO.
R. I. P.

ADDITUS INFRA EPITAPHIUM AB IPSO, DUM ADHUC
VIVERET, PRÆPARATUM.

O Domine quia ego
servus tuus.

D. O. M.
MISERERE
SUPER PECCATORE
QUI
PERTRANSIIT
MALEFACIENDO.

Et filius ancillæ
tuæ.

(Composée par le R. P. D. Stanislas, Abbé de Sept-Fonds, vicaire-général de l'Ordre).

Le 10 décembre 1816, le prieuré fut érigé en abbaye par Bulle apostolique du souverain Pontife Pie VII.

Le prieur du prieuré conventuel du *Port-Reingeard* devait à Monchevrier, paroisse de Nuillé-sur-Vicoin, 1 denier de cens, chaque année, pour le droit de pêche dans la Mayenne, à lui concédé par les anciens seigneurs de cette châtellenie. (*Aveux de Monchevrier.*)

Prieuré d'Entramnes. — Il y avait encore un autre prieuré dans le bourg d'Entramnes, dépendant de l'abbaye d'Evron, fondé par les seigneurs d'Entramnes, qui valait 2,000 livres. (**Leclerc du Flécheray.**)

Mathurin Vergier était prieur en 1613.

Guy-Anne-Charles-Armand de Byragues, prieur en 1694. (*Reg. d'état civil de la paroisse*).

Chapelle de la Clémencerie. — A environ 4 kilomètres du bourg, en descendant la Mayenne, se voit la chapelle de la Clémencerie, chapelle en vénération et le but de fréquents pélérinages. Elle est située au-dessus du moulin de Briacé, et placée sur un éperon, dominant le bassin où le Vicoin vient se jeter dans la Mayenne. La tradition dit qu'un garde de gabelle, *un gabelou*, dans un état d'ivresse, tomba du sommet de la montagne, et arriva dans la rivière sans avoir éprouvé aucun mal, grâce à la prière qu'il avait adressée à la Sainte-Vierge dans sa chûte. En reconnaissance de son salut, il avait fait faire une statue de la Vierge, et l'avait placée dans un chêne. Les nombreuses offrandes des fidèles qui la visitèrent, devinrent suffisantes pour y construire la chapelle que l'on voit aujourd'hui. On y arrive par un étroit sentier placé à pic, à une grande élévation au-dessus des eaux de la rivière. (**Pichot de La Graverie**).

On vient à ce pélerinage de fort loin, prier pour le mal des enfants, appelé *mal d'Elan*, ou *mal de Saint-Malo*; on y dépose des écheveaux de fil qui ont ceint les enfants atteints de ce mal. La croyance est que si l'on y vient pour des garçons, le fil doit avoir été filé par des garçons, et si l'on y vient pour des filles, le fil doit avoir été filé par des filles.

Le Breil aux Francs. — *Les Templiers.* — *Les Chevaliers de Malte.* — Le Breil (1) aux Francs, à environ trois kilomètres au Nord du bourg, était membre de la Commanderie de Thévales, commune d'Avesnières, appartenant à l'Ordre de Malte, fondée par les seigneurs de Laval. Il avait appartenu aux chevaliers du Temple, comme on le voit par des chartes de 1274, 1293 et 1294. Le Pape ayant, lors de la destruction des Templiers, appliqué la plus grande partie de leurs biens en faveur des hospitaliers, le Breil aux Francs fut réuni à Thévales.

Une déclaration des domaines dépendant de la Commanderie de Thévales, rendue au Roi par le commandeur Bertrand Peloquin, le 26 novembre 1575, donne la composition de cette Commanderie. Il y est fait mention entr'autres objets : de la maison seigneuriale du Breil aux Francs, avec chapelle, granges et étables, taillis derrière la maison, appelé le taillys des Salles, le bois de haute futaye autour du pré, un étang au milieu du bois, les landes communes, divisées d'avec celles de Poligné par une grande charrière, tendant du pastis de la Bouëssière *par au-dessus* trois chênes appelés *la Chesnaye aux Templiers*, et rendant au lieu du Tertre, les garennes à connils, métairies du Breil, de la Roussière, en la paroisse de Parrenay, de la Bouhordière, de la Rocherie en Bonchamps, etc...

(1) Breil. *Broglium* — bois.

La plupart des bâtiments du Breil conservent des vestiges de l'époque où ils furent construits, contemporaine de la fondation de l'Ordre du Temple et des Chevaliers de Saint-Jean de Jérusalem, devenu, depuis, l'Ordre de Malte (XIe siècle). La chapelle subsiste encore, on y voit de petites fenêtres plein-cintre, étroites, placées tout au-dessous de la toîture, attestant le temps de la construction. Elle a été transformée en une loge à pressoir. On voyait encore au chevet, un écusson peint sur la muraille, parsemé de fleurs de lys et d'écussons (1), deux chevaliers pour supports, avec ces mots au-dessus :

PRO FIDE SCUTA, A REGE LILIA.

Après les évènements de 1848, on a fait disparaître cet écusson.

La maison actuelle de la ferme semble avoir été jadis la grange de la commanderie. Un bâtiment, qui fut dans les premiers temps la maison du commandeur, a encore conservé les fenêtres de l'époque où il servait d'habitation. Au XVe ou XVIe siècle, il fut construit un autre bâtiment avec fenêtres à meneaux croisés; une grosse tour ronde à toît très-aigu, saillant sur le corps de bâtiment, renferme l'escalier. Ce fut pendant les derniers siècles le lieu de résidence du chevalier pourvu de ce bénéfice.

En 1702, on enterra dans la chapelle le commandeur Gabriel du Boys de la Ferté, chevalier, commandeur de Thévales et du Breil aux Francs. Il était

(1) Ce sont les armes de frère Charles Villiers de Lauberdière, inhumé dans la chapelle le 27 mars 1674.

mort en odeur de sainteté le 28 décembre 1702, à l'âge de 60 ans, comme on le voyait par l'épitaphe, que son frère avait fait mettre sur sa tombe. Elle existait encore dans ces derniers temps.

> HIC JACET GABRIEL DU BOYS DE LA FERTE, EQUES ORD. S. JOAN. HYEROSOLYMI, COMMENDATOR DE THEVALE, QUEM TERRA MARIQUE ZELUS FIDEI ET MORUM SANCTITAS COMMENDABILEM FECERE, SEMPER SIBI PARCUS, PAUPERIBUS NUNQUAM, VERÈ PAUPERUM PATER. OBIIT 28 DECEMB. 1702 ÆTATE 60.

Sa vie a été publiée par Joseph Grandet, curé de Sainte-Croix d'Angers, et imprimée à Paris en 1702. (Voir l'art. *Avesnières* pour Thévales).

Gabriel du Boys de la Ferté succéda à M. du Planty du Landereau, mort au mois de novembre 1695; il avait pris possession à la fin de mai 1696. Le revenu de la Commanderie était affermé la somme de 7,000 livres.

LISTE DES COMMANDEURS QUI ONT EXISTÉ AU BREIL OU A THÉVALES.

1° B. de Rocheriâ, preceptor Thevalis, vivant vers la fin du XIIe siècle, du temps de Guy VI, seigneur de Laval.

2° Jehan Le Moyne, 1352-1360.

3° Nicolas Seguin, 1395.

4° Guillaume Levayer, 1411.

5° Daniel Emery, 1435.

6° Alain de Boiséon, 1452.
7° Jacques de Chasteau-Challon, 1477.
8° Jehan Desprez, 1483.
9° Guy Tereau, 1488-1493.
10° Léon Jan, 1512.
11° Louis Gourdeau, 1521.
12° François de Soucelles, 1525.
13° Léon Goullard, 1533.
14° René Le Cirier, 1564.
15° Olivier d'Aulx, 1565.
16° Louis de La Roche dit La Boullaye, 1570.
17° Charles de Hesselin, 1571.
18° Bertrand Peloquin, 1575.
19° Jehan Grignon, 1578.
20° Claude de Liniers, 1592.
21° Adam de Bellanger, 1594-1619.
22° Urbain de Salles, sieur de l'Escoublère, 1620.
23° Pierre Briand, deuxième fils de Claude Briand et de Christophlète de la Chapelle (1); mort à Malte le 8 septembre 1648, de retour d'un voyage de Cannée, où il avait assisté à la prise de la Sultane. (*Généal. Quatrebarbes*).
24° Antoine Thomasset, sieur de la Boislivière, 1635.
25° Charles de Villiers, sieur de Lauberdière, 1668; mort en 1674, inhumé dans la chapelle du Breil aux Francs, le 27 mars, par Pierre Buon, curé de Nuillé.
26° Charles du Plantis du Landereau, 1675-1695.
27° Gabriel du Bois de la Ferté, 1695-1702. — Voir ci-dessus.

(1) De la maison de la Chapelle-Rainsouin, ancienne Baronnie près Laval.

28° Charbonneau de la Forte-Ecuyère, 1702-1704.
29° Victor-Henry Le Roux, 1729.
30° Le chevalier de la Corbinière, 1741.
31° Henry Le Roux, 1749.
32° Alexis Binet de Montéfroy, 1765.
33° Achille-Alexis de Kerouard, 1768.
34° Jean-Henry de la Laurencie, 1775.

SAINT-JOSEPH-DES-CHAMPS. — Chapelle un peu plus éloignée du bourg que le Breil et dans la même direction; construite, au moyen de dons particuliers, sur un terrain appartenant aux Dames de la Miséricorde de Laval. Ce terrain faisait partie des landes de la Croix-Bataille, situées sur le territoire des communes d'Avesnières et d'Entramnes. Les Dames de la Miséricorde, lors de la vente de ces landes, firent l'acquisition d'une portion de terres, sur laquelle elles ont établi la ferme de *Tout-l'y-faut.*

La chapelle de Saint-Joseph-des Champs a été construite sur les dessins du Père Martin, de la Compagnie de Jésus. Elle est dans le style du XIIIe siècle. Sur la porte d'entrée on a inscrit :

ITE AD JOSEPH.

Ce pélerinage dans le voisinage de Laval est très-fréquenté. Il est enrichi de nombreuses indulgences que l'on peut gagner en visitant la chapelle.

1° Indulgence plénière, le jour de la fête de saint Joseph, et le troisième dimanche après Pâques, jour de la fête du patronage du saint patriarche.

2° Indulgence plénière que chacun peut gagner une fois par mois le jour qu'il voudra.

3° Indulgence de deux cents jours qu'on peut gagner en visitant la chapelle, sans qu'il soit nécessaire d'avoir communié.

Toutes ces indulgences sont applicables aux âmes du Purgatoire.

Des messes sont fondées dans cette chapelle :

Le mercredi de la semaine de Pâques, et le mercredi suivant.

Tous les mercredis depuis le 1er mai jusqu'à la fête de la Toussaint.

Quand un de ces mercredis tombe un jour de fête ou de jeûne, la messe est remise au lendemain.

La messe de fondation commence à sept heures.

Sur le mur, du côté de l'Evangile, on voit une inscription qui rappelle le séjour dans la maison de Saint-Michel de Laval, d'un des vénérables pères de l'Ordre, fondateur de la chapelle :

ROBERTUS DE BROSSE, S. J. PRESB.
NAT. 26 MART. 1768, OB. 18 FEBR. 1848.
POST EXILIUM
MULTOSQUE PRO CHRISTO SUSCEPTOS LABORES
VIR RELIGIOSA OBSERVANTIA
INSIGNIS
D. JOSEPH CULTOR INDEFESSUS
SACELLUM HOC
IN HUJUS HONOREM EXTRUENDUM
CURAVIT.
R. I. P.

Au pied de la marche du sanctuaire, les mots

OSSA R. P. DE BROSSE,

indiquent le lieu de sépulture.

Histoire féodale. — L'histoire de Laval par Bourjolly, fait mention de *Evarain d'Entramnes*, dont la fille, nommée Adèle, épousa Adam, fils de Hugues, seigneur de Laval, mort en 990, et de Berthe de Blois. D'autres généalogistes de la maison de Laval disent qu'Adam était fils de Yves IIe du nom, et de Haoïse de Mathéfelon, d'où seroit sorti Guy de Laval, mari d'Agnès, qui, tous les deux, firent de grands dons à Thévales.

Robert d'Entramnes, *Robertus de Intramnis*, est, en 1002, présent à la fondation du prieuré d'Auvers le-Hamon par Guy II et Hamon son frère, donné à l'abbaye de la Couture du Mans, sous le pontificat de Sigefroy de Bellesme.

En 1050, Evarain d'Entramnes, *Evarinus de Intramnis*, est témoin d'une confirmation que fait Guy II aux moines de Marmoutiers, de certains dons. (*Titres de Saint-Martin de Laval*).

Gosselinus et Ursinus *d'Entramnes*, *de Entremeïo et de Entramnis*, furent du nombre des cent huit chevaliers qui reçurent la croix des mains de Guillaume, évêque du Mans, dans l'église de Mayenne, en l'année 1158, avec Geoffroy de Mayenne, Xe du nom, fils de Juhel.

Robert d'Entramnes est présent, en 1188, à l'assignation donnée aux religieux de Clermont par Guérin de Saint-Berthevin, et du don que ce dernier leur fit de tout ce qu'il possédait dans la grange de la Gandonnière au fief de Bootz, près Laval.

Une charte de dom Housseau (vol. 12, N° 7,600, Bibliothèque Impériale), paraît faire croire que, dès le

XIe siècle, la maison de Mathefelon d'Anjou était déjà propriétaire de la seigneurie d'Entramnes. Ruellan d'Entramnes, *Ruellanus de Intramnis*, donne au couvent de Sainte-Marie de la Charité d'Angers, autrement le Ronceray, la terre de la Hallebrandière et la terre au-delà du Port-Cepice (*Portum Cepicæ*) avec un demi arpent de pré, pour la dot de sa fille qui entre en religion dans ce monastère, du consentement de Corinthie sa femme, et de Pelever son fils. Hugues de Mathefelon, seigneur de la terre, confirme ce don.

La *Généalogie de Quatrebarbes* ne fait entrer cette châtellenie dans la maison de Mathefelon, qu'un siècle plus tard, par le mariage de Thibault de Mathefelon, IIe du nom, baron de Durtal, seigneur de Saint-Ouën-des-Toits, du château de Beauvais (paroisse de Changé près Laval), de Loiron et de Lancheneil, avec Luce de Quelaines, dame de Quelaines, d'Azé au faubourg de Château-Gontier, de Ruillé, de la châtellenie d'Entramnes, et du franc-alleu de Villiers-Charlemagne. Elle descendait de Rivault de Quelaines, qui en 1087, donna la moitié de l'église de Quelaines à l'abbaye de Saint-Serge d'Angers. (Voir l'art. *Quelaines*, et celui de *Nuillé* pour les ascendants de Thibault II de Mathefelon).

Thibault III, fils de Thibault et de Luce de Quelaines, seigneur d'Entramnes, fonda le prieuré du Port-Reingeard, et le donna à l'abbaye de la Reau en Poitou. De Jehanne de Bruères, il eut Foulques. En 1265, Foulques échangea avec Guy II, seigneur de Laval, les fiefs et seigneuries du Pont-de-Mayenne au faubourg du Pont-de-Mayenne près Laval, qui paraissent à cette époque avoir fait partie de la seigneurie d'Entramnes. Guy donna en échange la terre de la Cropte. Foulques de Mathefelon fut marié à Alix de Vitré, et en eut Thibault IV.

Thibault IV, de Mathefelon, chevalier, conseiller et chambellan du roi Philippe de Valois, baron des baronnies de Durtal et de Mathefelon, seigneur de Saint-Ouën, Juvigné, Azé, Entramnes, du franc-alleu de Villiers-Charlemagne et de la Cropte, fut en 1291, présent au sacre et à la cérémonie de Guillaume Lemaire, évêque d'Angers. Il y maintint les intérêts d'Amaury, fils aîné et principal héritier de Maurice, baron de Craon. Il épousa Béatrix de Dreux, et, en faveur de cette alliance, le Roi lui donna 3,000 parisis et 500 livres en terre à perpétuité.

Entr'autres enfants il eut Honneur (*Honor* ou *Alienor*) de Mathefelon, qui épousa Jehan II, vicomte de Rochechouart. Elle eut en partage Entramnes, Quelaines, Azé, Ruillé et Villiers-Charlemagne.

Les Mathefelons portaient dans leurs armes : *D'or à six écussons de gueules.*

Les Rochechouart avaient : *Fascé, enté ou nébulé d'argent et de gueules de six pièces.*

La maison de Rochechouart fut en possession de la châtellenie d'Entramnes jusqu'en 1482. Jehan, vicomte de Rochechouart, mari d'Anne, fille de Foucault de Rochechouart, vend à cette époque à Messire Jehan Bourré, seigneur du Plessis-Bourré et de Jarzé, conseiller, maître des comptes du Roi et trésorier de France, la châtellenie, terre, seigneurie et appartenances d'Entramnes, situées entre Laval et Château-Gontier, tant en fief qu'en domaine, composées entr'autres choses de huit à neuf métairies et une closerie, maison, cour, vergiers, plesses, garennes, étangs, moulins, pêcheries, etc... avec tous droits de châtellenie, fief et arrière-fief, justice, juridiction et seigneurie, taut haute, moyenne, que basse, collations et patronages de bénéfices, et autres droits quelconques, en quelques lieux et paroisses que ce soit. Toutes ces choses tenues de Laval et Château-Gontier à foy et hommage. La vente fut faite pour le prix de 6,000 escus d'or, du coing du Roi, ayant cours à l'époque, du prix de 32 s. 1 d. tournoys ; savoir 2,529 escus d'or soleil, valant chacun 32 s. tournoys, et 3,295 escus d'or à la couronne, du prix de 32 s. 1 d. la pièce, le surplus qui était 28 s. 5 d. tournoys, en monnoye.

La vente de la châtellenie, terre et seigneurie d'Entramnes, fit exercer plusieurs retraits lignagers, entr'autres, François de Rochechouart, encore mineur, fils aîné de Jehan de Rochechouart, vendeur, comme plus proche héritier, à son défaut, Pierre de Laval, seigneur de Marcillé, parent, à cause de sa femme, N..... de Daillon, fille de Jehan de Daillon, seigneur du Lude, Thibault de Bellengier, seigneur de Houssay, à cause de sa femme Andrée de Sainte-More, et Jehan de Mathefelon, seigneur de Lancheneil. Thibault de Bellengier se désista le 13 mars 1483, de son droit de retrait. Il reçut du seigneur du Plessis-Bourré, pour indemnité, 100 escus. Le désistement de François de Rochechouart eut lieu le dernier jour d'août 1487.

Le 11 juillet 1482, Jehan Heurtier, bachelier ès lois, et Pierre Corneille, notaires et tabellions de la Court de Laval, représentant Monseigneur du Plessis-Bourré, qui est occupé continuellement à l'entour de Monseigneur le Dauphin, par le commandement du Roy, font aux halles de Laval, à honorables hommes et saiges maîtres Jehan Bougler, lieutenant, Guy Courte, avocat, et René Beudin, procureur dudit Laval, un hommage à Monseigneur, pour la terre d'Entramnes que Monseigneur Bourré vient d'acheter, autant qu'il en a de tenu de son château de Laval. (*Anciens titres de la Baronnie*).

René de la Roussardière, seigneur de Pareneau, Ambroise Le Cornu, seigneur de Launay-Peloquin, et Pierre de Sumerayne, seigneur de Sumerayne, obtiennent en 1524, contre Claude Bourré, petit-fils de Jehan Bourré, ci-dessus, seigneur de Jarzé et d'Entramnes, lettres royaux, avec ajournement personnel, à comparaître devant le procureur d'Angers, pour violences et injustices exercées contre eux par les officiers d'Entramnes, d'où leurs terres étaient tenues. Leurs prétentions furent écartées par l'entremise de Michel Le Mâczon, écuyer, seigneur de Buzenvaulx, parent du seigneur de Jarzé. (*Généal. Quatrebarbes*).

Ce même Claude Bourré, tant en son nom que pour ses frères Jehan et René et sa sœur Marguerite, vendit en 1534 la châtellenie d'Entramnes, à Ollivier de la Pommeraye, doyen de Saint-Tugal de Laval, procureur de noble personne Messire Gilles de la Pommeraye, chevalier, maître d'hôtel ordinaire du Roi, et Marguerite Le Jeune, sa femme. Claude Bourré affirme dans le contrat que la châtellenie d'Entramnes est composée de *château ancien, justice et juridiction, et seigneurie haute, moyenne et basse, droit de châtellenie avec tous droits qui en dépendent, fors le droit de prévôté, droit de garenne à connils.* La vente fut faite pour le prix de 22,500 livres tournoys. (*Contrat de vente*).

Bourré, avait pour armes : *D'azur à trois gerbes de blé d'argent, liées d'or.*

Gilles de la Pommeraye était maître d'hôtel du Roi, son ambassadeur à Venise et président en la Cour des Comptes de Bretagne. Il eut pour fils Jehan de la Pommeraye, seigneur du Verger en la paroisse de Montigné, qui fut marié à Jehanne de Rosmadec, fille d'Allain de Rosmadec et de Jehanne du Chastel. Jehan laissa en mourant une fille unique, Jehanne de la Pommeraye. Par son testament il voulut qu'elle restât entre les mains et en la garde de René de Charnières, qu'il institua *tuteur et curateur, tant aux biens que à la personne de sa fille, le suppliant de lui choisir et donner un mari, ainsi qu'il verroit son advantage et son proffit.*

Jehanne de la Pommeraye, fille unique, héritière d'une fortune considérable, fut recherchée en mariage par un grand nombre de partis. La dame de Rosmadec, sa mère, réclama la tutelle de sa fille, et obtint arrêt de la Court du Parlement de Paris qui ordonnait qu'elle lui serait remise. Elle lui destinait pour mari, Anne de Sanzay, dit *Bras de Fer.*

Catherine de Médicis craignit que les grands biens de Jehanne ne servissent à favoriser les idées nouvelles de réforme dont les progrès s'étendaient déjà dans notre pays, surtout au milieu des hautes classes ; le peuple restait toujours fidèle à son antique foi. Elle voulut présider elle-même au choix d'un époux pour cette riche héritière.

Charles IX, le 21 avril 1574, adresse une lettre à René de Charnières, par laquelle il lui fait savoir qu'il a connaissance des « *traverses* qu'il éprouve de la part de « ceux qui recherchent Jehanne de la Pommeraye en « mariaige, plus pour ses grands biens, que par affec- « tion pour sa personne ; que se ressouvenant des « services que lui a rendus le père de Jehanne, et dé- « sirant lui procurer un mariaige digne d'elle, et du « nom qu'elle porte, il le prie de se disposer inconti- « nent, avec quelques-uns de ses amis, à amener sa « pupille près de la Reine madame et mère, où, avec « l'avis de ses parents, il lui moyennera une alliance « convenable (1). »

Catherine de Médicis engage René de Charnières à obéir aux ordres du Roi, « connaissant, dit-elle, les « contrariétés qu'on lui fait éprouver au sujet de Je- « hanne sa pupille, que l'on s'efforce d'avoir en ma- « riaige sans le consentement du Roi, plus pour ses « grands biens que par affection pour sa personne. (2) »

Le sieur de Charnières supplie Sa Majesté la Reine, de le décharger entièrement de la curatelle, avant de se rendre aux ordres du feu Roy, auxquels il est toujours prest d'obéir, craignant de se mettre dans le cas

(1) Lettre de Charles IX, aux archives du château de Rouessé, en la paroisse de Grenoux.

(2) *Ibid.*

d'avoir aucunes contestations. Il conduira la demoiselle Jehanne et la remettra entre les mains de la personne qu'il conviendra à Sa Majesté la Reine de lui indiquer.

Décharge est accordée le 30 mai 1574 au sieur de Charnières, de sa tutelle, et ordre lui est donné en même temps de conduire la demoiselle Jehanne auprès de la dame d'Entraigues, sa proche parente, qui la conduira à la Reine, où elle sera nourrie avec les autres filles demoiselles.

Noble Alexandre Gallant, sieur de la Maison-Blanche, porteur d'une procuration spéciale de dame Jaqueline de Rohan, femme de François de Balzac, seigneur d'Entraigues, se présente le 17 août 1574, au château de Turé, pour y signifier les ordres de la Reine-mère au sieur de Charnières. Celui-ci consent à y obéir et à remettre entre ses mains la demoiselle de la Pommeraye. On s'enquiert de Jehanne si c'est bien sa volonté que les lettres patentes de la Reine soient mises à exécution, et si elle est bien consentante à être conduite auprès de la dame d'Entraigues :

La demoiselle Jehanne répond qu'elle sait *que M. de Sanzay s'efforçait de l'avoir à femme, et qu'il avait pratiqué Mme de Rosmadec sa mère, chose à quoi elle ne voulait nullement entendre, pour connoître cela être contraire tant à son honneur que au bien de Sa Majesté; que puisqu'il a plu à la Reyne de lui faire tant d'honneur que de prendre soin d'elle, lui était sa très humble servante, et voulait obéir à son commandement et aux lettres patentes.*

Catherine de Médicis adresse une autre lettre à Jehanne de la Pommeraye, le 28 septembre 1574, dans laquelle elle lui dit « qu'elle a été trompée sur ses « intentions en ce qui concerne M. de Sanzay, qu'elle « connoit son affection et sa bonne volonté pour Fran- « cisque de Byragues, gentilhomme de la chambre « du duc d'Alençon, son fils, que si ses parents le « trouvent bon, elle désire qu'on mette bien vîte ce « mariaige à bonne fin, étant chose que pour le bien « qu'elle lui désire, et à M. de Byragues, lui sera « fort agréable, et qu'elle serait bien marie que M. « de Sanzay ni autres n'y donnât empêchement. (1) »

Jehanne de la Pommeraye épousa François de Byragues. Henry III, roi de France et de Pologne, acquitta le seigneur de Byrague en 1575, ainsi que René de Charnières et Ollivier de Feschal, seigneur de Poligné, de la somme de 14,180 livres parisis, qui faisait le montant des amendes auxquelles chacun d'eux avait été condamné par divers arrêts du Parlement, pour cause de la tutelle de Jehanne de la Pommeraye, et donne pleine et entière main-levée, si quelques-uns de leurs biens sont saisis pour ces amendes.

Byrague, *d'or à trois fasces de gueules bretecées et contre-bretecées de cinq pièces chacune, chargée d'un trèfle d'or.*

Jehanne de la Pommeraye, femme de François de Byragues, était morte en 1604.

François faisait aveu pour sa terre d'Entramnes, en 1589, à Henry de Bourbon, roi de Navarre, baron de Château-Gontier, en tant qu'il y en a de tenu de cette baronnie, et s'avoue homme lige dudit baron.

(1) L'original est aux archives du château de Roucssé, paroisse de Grenoux.

En sa faveur, Henry IV érigea la châtellenie d'Entramnes en baronnie, pour le récompenser des grands et signalés services qui avaient toujours été rendus aux Rois ses prédécesseurs par la famille de Byragues.

Les enfants de François et de Jehanne de la Pommeraye furent 1° René de Byragues; 2° César de Byragues, qui fut long-temps prieur du prieuré d'Entramnes; 3° François, qui fut capucin; 4° Magdeleine, mariée en premières noces à Jehan du Buat, seigneur de la Subrardière, en deuxième à d'Aubert de Launay.

René de Byragues, fils aîné, épousa Françoise d'Erbrée. Il mourut en 1635, laissant 7,329 liv. 18 s. de revenu annuel. Il eut: 1° Jean de Byragues, baron d'Entramnes; 2° François, qui eut en partage la terre du Verger en la paroisse de Montigné; 3° Jacques, vicomte de Byragues, qui épousa Jeanne de Pelisson en 1658; elle lui apporta en mariage la terre de Montigné, paroisse d'Entramnes; 4° René, abbé d'Aulx, prieur du prieuré d'Entramnes; 5° Julienne, entrée le 21 août 1643, religieuse au couvent de Notre-Dame-du-Bon-Conseil dans la ville d'Angers.

Jean de Byragues, baron d'Entramnes, lieutenant d'artillerie, tué au siège de Dunkerque en l'année ......, avait été marié à Magdeleine de Beaumanoir, et eut pour enfants: 1° Charles-Armand, né en 1645; 2° Henry-Hortense; 3° Marie; 4° Magdeleine.

Beaumanoir, *d'azur à onze billettes d'argent.*

Charles-Armand fit alliance avec Claude-Renée de Marbœuf, et vendit, le 28 octobre 1667, à son oncle Jacques, vicomte de Byragues, demeurant en sa maison seigneuriale de Bonnes, en la paroisse de l'Huisserie, la terre d'Entramnes, pour le prix de 140,000 livres.

Jacques de Byragues, par cette acquisition, devint baron d'Entramnes ; il avait épousé, en 1658, Jeanne de Pelisson, fille de Daniel Pelisson, seigneur de Montigné, en la paroisse d'Entramnes, et de Magdeleine Le Clerc. De ce mariage, il ne resta qu'une seule fille, qui entra religieuse à Château-Gontier en 1684.

Après la mort de son premier mari, mort en 1677, Jeanne de Pelisson épousa en secondes noces, Charles de Maillé, comte de la Tour-Landry. Elle mourut en 1704, laissant à son mari par testament, et divers codiciles, des années 1695, 1696 et 1704, tout ce que les coutumes d'Anjou et du Maine, où ses biens étaient situés, lui permettaient de donner. L'exécution de ses dernières volontés fut la cause d'un procès qui dura pendant plusieurs années. Le testament fut enfin confirmé par arrêt du Parlement, le 7 septembre 1711. La terre d'Entramnes, lors de la liquidation de la succession de son premier mari, lui avait été adjugée, le 16 juillet 1695, pour lui servir de remploi d'une somme de 47,167 livres qui lui étaient dûes par la succession, et d'une autre somme de 57,500 livres, pour don que lui avait fait son mari ; on y joignit le capital du douaire de 500 livres de rente annuelle ; toutes ces sommes faisant celle de 114,667 livres.

De Maillé de la Tour-Landry : *d'or à la face crenelée de gueules, maçonnée de sable.*

Charles de Maillé de la Tour-Landry, second mari de Jeanne Pelisson, était fils de Louis Maillé de la Tour-Landry, marquis de Gilbourg, et de Louise de

Chérité. Il n'eut point d'enfants de sa première femme ; il épousa en secondes noces, le 10 septembre 1708, dans l'église de Saint-Sulpice à Paris, Marie Guitton, dont il eut un fils unique, Charles-Louis de Maillé de la Tour-Landry. Charles, le père, mourut au château d'Entramnes, le 4 octobre 1722.

Il avait été convoqué, le 30 avril 1689, pour faire partie de l'arrière-ban, et assigné à se rendre à Château-Gontier pour s'y tenir prêt à partir le 15 mai suivant. En 1692, il reçoit une autre convocation pour servir Sa Majesté en son ban de la noblesse, pour cette année, et il est prévenu de se mettre en armes pour le servir, conformément aux ordonnances.

Charles-Louis de Maillé de la Tour-Landry, baron d'Entramnes, épousa, le 23 juin 1730, Marie-Françoise de Savonnières, fille de Henry-François de Savonnières, chevalier, seigneur de Meaulne, et de demoiselle Marie-Helène des Champs.

De Savonnières : *de gueules à la croix pattée d'or.*

Leurs enfants furent : 1° Charles-René qui va suivre ; 2° Jean-Louis, page de la Reine, capitaine de dragons au régiment de Thienge, colonel de la légion de Condé, ensuite du régiment de Cambrésis, infanterie ; il épousa Perrine-Jeanne-Marguerite Le Roux ; 3° Charles-François, enseigne de vaisseau du Roi, au département de Brest ; 4° Jean-Marie, évêque de Gap, et en 1787, de Saint-Papoul ; 5° Charles-Marie, sans alliance ; 6° Marie-Henriette, mariée à Charles-François de Maillé de la Tour-Landry, chevalier, seigneur de Salerne ; 7° Marie-Ursule ; 8° Geneviève-Louise-Françoise.

Charles-René de Maillé de la Tour-Landry, né le 5 octobre 1732, baron d'Entramnes, page du Roi, capitaine de dragons, ensuite colonel du régiment de Condé, infanterie, duc et pair, épousa, en 1755, Louise-Bonne-Félicité de Savary de Brives. En deuxièmes noces, il épousa Magdeleine-Angélique-Charlotte de Breham, le 8 mars 1769.

Charles-René vendit, le 14 juillet 1786, à son frère puîné, Jean-Louis, la baronnie d'Entramnes, pour la somme de 340,000 livres. Jean-Louis mourut en 1792; sa veuve et sa fille renoncèrent à sa succession. La terre d'Entramnes fut vendue, le 5 août 1793, pour le prix d'un million, à Louise-Jeanne Klein de Varennes, femme du sieur Monnet.

Le 16 nivôse de l'an II de la République, ordre est donné au sieur Asseline, homme d'affaires de la dame veuve de Maillé, par les municipaux du bourg d'Entramnes, de faire remettre tous les titres et papiers ci-devant seigneuriaux et féodaux de la ci-devant baronnie d'Entramnes. Les papiers furent portés au pied du mât de la Liberté, établi le 15 courant, et y furent brûlés conformément à la loi du 17 juillet 1793, vieux style.

La dame Monnet, devenue veuve, se remaria à M. Daumont; après la mort de son second mari, elle constitua la terre d'Entramnes en dot à Angélique-Louise-Dorothée Monnet, fille de son premier mariage, en la mariant au sieur Soubeyran Raynaud, le 18 messidor an VI.

Le 26 fructidor an VI, ces derniers la vendirent pour 200,000 francs à Guillaume-Matthieu Dumas, qui, en 1807, la revendit à MM. Louis Courte de Vilcler, mari de Louise Foucault de la Morinière, pour un tiers, et à Jacques-Pierre Foucault de Vauguyon et Sophie Martin de Ligonière son épouse, pour les deux autres tiers. Elle fut achetée 296,296 fr. 30 c. nouvelle monnaie, représentant 300,000 livres tournoys.

La châtellenie, ensuite baronnie d'Entramnes, présentait pour ses féodalités des singularités extraordinaires. Située sur les confins des deux provinces du Maine et de l'Anjou, cette terre était, entre les seigneurs de Laval et de Château-Gontier, un sujet continuel de litige, pour les droits qui en dépendaient, et qui se trouvaient souvent confondus. Une transaction, du 2 mai 1401, règle entre Pierre, comte d'Alençon, seigneur de Fougères, vicomte de Beaumont et baron de Château-Gontier, et Guy XII, seigneur de Laval, les différends qui pouvaient exister entr'eux, concernant les droits qui appartenaient à chacune des deux seigneuries de Château-Gontier et de Laval. Ollivier Tillon et maître Guillaume Rouillon furent chargés de faire les enquêtes et informations, et les parties convinrent que *leur sentence serait tenue et déclarée ferme sans autre forme ni manière de juge.*

Le château d'Entramnes et les paroisses d'Entramnes, Forcé et Parné, et partie de Maisoncelles, situées entre les rivières de Mayenne, Jouanne et Ouette, relevaient, savoir : pour le fief et justice foncière et domanière, de la baronnie de Château-Gontier, et, pour la moyenne et basse justice, du comté de Laval. Pour le reste de la féodalité, il était divisé en deux parties. Ruillé en Anjou, et le Tremblay, sur lesquels Entramnes avait tous les profits de fief, relevaient en toute justice de Château-Gontier. Le reste qui se composait de Marbouë, Sacé, Bonnes et Lancheneil, etc... relevait de Laval, et le seigneur de Laval avait, sur ces fiefs, haute, moyenne et basse justice.

Les féodalités étaient belles et étendues. Le seigneur d'Entramnes recevait l'hommage simple ou l'hommage-lige d'environ trente à trente-cinq fiefs et seigneuries qui en dépendaient, entr'autres Marbouë, terre et seigneurie de Forcé, la Jarossays, Orvilette et les Moussayes, devaient gardes à un homme suffisamment en armes, à cheval ou à pied, au portail, à la garde du château. La châtellenie de Ruillé devait une paire d'*éperons blancs*, abournés (évalués) à 8 s.

En dépendaient encore le Tremblay (1), le fief de Forges en Entramnes et Parné, le fief et seigneurie de Launay-Peloquin, la terre, fief et seigneurie de Bonnes en l'Huisserie, les Grands et Petits Moulinais et Lucé en Parné, la Planche, la Couldre en Entramnes, le Port-Reingeard, Lencheneil en Nuillé-sur-Vicoin, Montigné en Entramnes, etc...

Faisaient partie de la terre : le droit de four à ban dans la *ville d'Entramnes*; le droit de *ban*. (C'était le droit de vendre du vin en détail, seul, dans la baronnie, depuis le jour Saint-Etienne au mois d'août, pendant les six semaines qui suivaient, sans que nulle autre personne pût vendre par détail sans la permission du seigneur).

(1) *Fief volant* dans la commune de Saint-Christophe-du-Luat.

Appartenaient aux seigneurs d'Entramnes : les prairies au-dessous du château, sur le bord de la rivière de Jouanne, avec fuye à pigeons ; divers étangs, dont l'un près la ville d'Entramnes ; la ferme de la Chesnaye, sur laquelle était une carrière d'ardoise *(Aveux de* 1417 *et de* 1589); la Bouverie, le Plessis, Ecorcé, la Tanchonnière, la Papelonnière, Briacé, la Volue, le Houemourant, dit aujourd'hui *le Homerand*, la Verrie, avec terres où il y a eu de la vigne *(Aveu de* 1589); les moulins du Plessis, d'Ecorcé, de Chantereyne, sur la rivière de Jouanne (*même Aveu*); droit de pêche dans cette rivière, et garenne à poisson depuis le moulin de Souffrete jusqu'à la rivière de Mayenne.

Les bourgeois de la ville d'Entramnes, seuls, avaient le droit de pêche, par raison de la taille qu'ils payaient au seigneur.

Le seigneur avait encore le moulin du Tour, sur la Mayenne, avec le droit de pêche par la moitié du fil de l'eau du côté d'Entramnes, depuis le gué de Bonnes jusqu'au ruisseau descendant de la Haye de Fuseaux. Droit de pêche dans la rivière d'Ouette, depuis la Mayenne jusqu'au pont de Parrenay.

Droit de chasse à toutes bêtes, rouges, rousses et noires, lièvres et oiseaux ; droit de garenne à connils. Lequel droit de chasse commençait à la fin de la rivière d'Ouette, où elle se joint à la Mayenne, en allant jusqu'au pont de Parrenay, du pont, à suivre le chemin qui conduit à Laval, jusqu'à la mare des Planches, par l'étang de Mellon, à la rivière de Jouanne, passé la rivière jusqu'au ruisseau du Tertre, de ce ruisseau au Cormier, par le Breil-aux-Francs, allant au Riblay, du Riblay au gué de Bonnes en la rivière de Mayenne. (*Aveux de* 1417-1589.)

La juridiction ordinaire se tenait en la salle et auditoire de la ville d'Entramnes, et pour l'exercer, il y avait un baillif, un lieutenant, un procureur fiscal, un substitut et un greffier, un notaire, un sergent, un sergent garde des eaux, bois et forêts, et un châtelain. Le seigneur pourvoyait à tous ces offices et avait le droit de scel. La juridiction avait conservé pour sceau des actes les armoiries des premiers seigneurs, on en retrouve encore quelques-uns. Il baillait aussi à ses vassaux et arrière-vassaux : poids, aunes, et mesures à blé, vin et huile.

Il avait justice à quatre piliers, à liens par haut et par bas. Les piliers étaient placés au lieu que l'on nomme aujourd'hui *la Carrie*, à l'entrée du chemin qui conduit au couvent de la Trappe. Il avait aussi droit d'avoir un marché par semaine. (*Aveu de* 1633).

Les limites de la châtellenie s'étendaient, à commencer du fil de la rivière de la Mayenne, au gué du moulin de Bonne, à venir joindre au fief du Breil-aux-Francs, en montant droit au Cormier, de là se rendant près les bois du Breil-aux-Francs, puis descendant à la rivière de Jouanne, et en montant de cette rivière jusqu'au pont de Forcé, comprenant les prés dudit Forcé, au delà du pont par le bout des prés, tout le grand chemin de Laval jusqu'à l'Epine de Forcé, puis à la croix Bouhourt, et de cette croix au moulin de la Hune, en descendant la rivière d'Ouette, comme le fil de l'eau le sépare au gué du Petit-Moulinet. De ce gué, remontant à la Petite-Hune, et de là au Margat, prenant une pièce de terre de la Gueslinde, en allant de là auprès des bois de Bréguillery (1); là se divisait la baronnie d'avec la châtellenie de Mellay. Elle se rendait de là aux deux étangs (2), sis près le bois de Bréguillery et les y comprenait, puis poursuivait le ruisseau (3) qui descend de ces étangs jusqu'à Juigné et au-dessous de la Villaine (4), jusqu'au Pont-Lochard (5); de là se rendait et, comprenant la Bigottière, remontait le ruisseau passant au-dessus de la Barlerye, puis à la Haye de Fuseaux, jusqu'au grand chemin de Laval à Château-Gontier, en se reployant par une fillière, passait par le bout des terres de la Truanderie et descendait cette fillière jusqu'au fil de l'eau de la Mayenne, y comprenant la rivière comme le fil de l'eau l'enclave en remontant jusqu'au gué de Bonnes. (*Aveux de* 1417-1529-1633).

La partie du comté du Maine, située au-delà de la rivière de Jouanne, portait le nom de *Petit Anjou*. Il y avait une question souvent agitée, et toujours restée sans solution, c'était de savoir si cette partie devait être régie par la coutume d'Anjou ou par celle du Maine. La rivière de Jouanne faisait, disait-on, la séparation des deux provinces du Maine et d'Anjou; les seigneurs de Château-Gontier et Laval, l'avaient reconnu par une transaction de l'année 1409. Un acte de notoriété du bailli d'Entramnes, de l'année 1693,

(1) Bois de Bergault. On les trouve sous ce nom dans tous les anciens titres.

(2) Etangs de la Galicherie et de la Cour.

(3) Ruisseau de Saulou.

(4) La Villaine, en la paroisse de Maisoncelle.

(5) Ferme du Pont-Lochard.

disait que toute la partie de la châtellenie d'Entramnes, située entre les deux rivières de Jouanne et d'Ouette, était régie par la coutume d'Anjou. Les appellations de la juridiction d'Entramnes, en ce qui concernait Entramnes, outre Jouanne, Parné, Forcé et Ruillé, allaient à Château-Gontier ; les autres qui étaient Astillé, Cossé, Mont-Jean, allaient à Laval.

Les officiers de Laval voulurent en 1675 attirer devant eux les appellations de la châtellenie d'Entramnes ; ils firent une ordonnance en forme de règlement, que le seigneur, M. de la Tour-Landry, ne voulut point approuver. Ils convenaient néanmoins qu'ils n'avaient aucune prétention sur Entramnes, Forcé, Parné et Ruillé, qui étaient du territoire de la province d'Anjou.

Toutefois, dans les deux provinces d'Anjou et du Maine, lorsqu'une des coutumes ne présentait pas de décision satisfaisante, on avait recours à l'autre, parce qu'elles avaient été faites dans le même esprit, et réformées en même temps par les mêmes commissaires. (*Divers Mémoires*).

La châtellenie d'Entramnes fut érigée en baronnie par Henry IV. Les lettres d'érection furent données, à Fontainebleau, au mois de juin de l'année 1608. Henry IV fit cette création en faveur de François de Byragues, mari de Jeanne de la Pommeraye, pour le récompenser des grands et signalés services, que sa famille avait rendus à l'Etat depuis un siècle, et qui même, pour le service de la France, avait été contrainte à quitter son lieu natal et à abandonner ses biens. (1)

(1) Lettres d'érection d'Entramnes en baronnie.

Cette érection eut lieu aussi en mémoire de René de Byragues, cardinal-chancelier, garde-des-sceaux sous Charles IX, oncle de François.

La famille de Byragues était du Milanais ; elle avait toujours suivi le parti de la France, et était venue y chercher un refuge contre la fureur de Ludovic Sforze.

Le château d'Entramnes était considérable autrefois. Il avait murs et fossés. Ses divers propriétaires l'avaient décoré. C'était, suivant les anciens, un de ces vieux donjons de la féodalité. Il avait la forme d'un T, dont la partie transversale était placée sur la douve qui sépare la cour d'entrée actuelle de la prairie. Deux petites tourelles, existant encore au moment de sa destruction, en défendaient l'entrée.

L'intérieur, si l'on en juge par d'anciennes visites d'experts, faites lors du procès qui eut lieu à la mort du dernier des Byragues, pour les reprises de sa veuve, était décoré avec luxe, et répondait à la richesse des seigneurs qui y faisaient leur résidence.

Jehan de Byragues fit l'avenue de la porte principale en 1650. Il donna une rente annuelle de 30 livres, assignée sur le lieu du Pin, à lui appartenant, et dépendant de la baronnie, pour certaines maisons et jardins que l'avenue devait traverser. Ces terrains dépendaient du temporel d'une chapelle appelée *le Frêne*, à la présentation de maître Huneau, alors curé de la paroisse de Quelaines.

Ce fut au cours de la Révolution qu'eut lieu la destruction de cet antique manoir. Un parti de *Chouans* s'y était logé ; obligés de se retirer devant les *Bleus*, ils mirent le feu au château pour ne pas laisser de logements à l'ennemi derrière eux. Les murs seuls étaient restés.

M. de Vilcler, ancien juge au tribunal de Laval, a construit, sur l'emplacement de l'ancien château, une habitation dans le goût moderne. Par les embellissements dont il l'a entourée, il en a fait une des plus belles et des plus agréables du pays.

AUTRES FIEFS DANS LA PAROISSE D'ENTRAMNES.

LA JAROSSAYS. — Suivant la tradition, cette terre aurait jadis appartenu à l'Ordre du Temple. On y voit une chapelle dans le style du XVIe siècle. Le curé d'Entramnes y devait deux messes chaque année.

En 1589, Robert Le Bigot fait foi et hommage-lige à la châtellenie d'Entramnes pour son lieu et fief de la Jarossays.

En 1628, la Jarossays appartenait à Thomas Le Long, écuyer, et à Elisabeth d'Ecorcé. Thomas Le Long était fils de N.... Le Long et de Marie Le Bigot. Il demeurait à la Lande Frayer, commune de Saint-Saturnin-du-Limet, pays d'Anjou. Il vend la Jarossays, en 1634, à Jean Duchemin, sieur de la Barberie et à Catherine Courte, sa femme, pour une somme de 12,500 livres. Elle passe ensuite dans la famille Matagrin, par le mariage de M. Claude-Nicolas Matagrin avec demoiselle Marie Duchemin, fille de Jean Duchemin de Noisement.

M. Courte de Vilcler en est devenu propriétaire. Elle appartient aujourd'hui à Mlle Elise de Camprond, issue du mariage de Mlle Elise de Vilcler avec M. Edmond de Camprond.

La Jarossays avait un droit de pêche dans les rivières de la Mayenne et du Vicoin, accordé par les seigneurs de Monchevrier en Nuillé sur-Vicoin. Ils tenaient censivement de ce seigneur pour raison de ce droit.

Les jardins et terrasses de cette ancienne terre dominent le cours de la Mayenne, on y jouit d'une vue étendue et d'un effet pittoresque.

Briacé. — Henri de Briacé, *Henricus de Brienseto*, est présent au don que Vivian de Cossé, et Isabelle, sa femme, font, en 1189, aux moines de Marmoutiers, qui desservaient le prieuré d'Origné, de la dîme des moulins d'Origné et de la dîme de la pêche de ces moulins. *(Cart. de Marmoutiers)*.

En 1356, Briacé appartenait à Guillaume Ouvrouïn, seigneur de Poligné. En 1417, Briacé appartenait à Pierre d'Anjou. Il est déclaré homme de foy d'Entramnes, dans l'aveu fait de cette châtellenie, en 1417, par *Aynor* (*Honor*) de Mathefelon, dame de Rochechouart, à madame Marie de Bretagne, duchesse d'Alençon, comtesse du Perche, dame de Fougères et de la Guierche, ayant le bail et garde-noble de Jehan, son fils aîné, duc et comte de ces comtés et duchés, et vicomte de Beaumont.

Pierre d'Anjou doit, pour raison de cette terre, fief et seigneurie, quatre boisseaux de seigle et quatre boisseaux d'avoine, mesure d'Entramnes, appelés *métives*, quand le lieu est cultivé par mains de mestayers, et quand il est cultivé par les mains du maître, il ne doit rien.

Le 5 août 1484, Jehan Coisnon, et Guyonne d'Azay, sa femme, vendent Briacé à René Beudin, procureur de Laval, et à Renée Breslay, son épouse. Une sentence de Guy Le Marouiller, sénéchal d'Entramnes, du 4 avril après Pasques de l'année 1486, adjuge la *saisine*, possession et jouissance de la terre, seigneurie et fief de Briacé, au seigneur d'Entramnes, sur sa demande de retrait par puissance de fief. Il est condamné à rendre 555 escus soleil, valant chacun 41 s. 6 d., et 100 autres escus de supplément, somme donnée par René Beudın pour le prix de son acquisition.

Charles Bourré, seigneur d'Entramnes et du Plessis de Jarzé, vend Briacé à honnête homme Michel Rivault, châtelain d'Entramnes, seigneur d'Ouestre, avec grâce donnée par l'acheteur au vendeur de six années pour retirer la chose vendue.

Le fief de Briacé était étendu. Chantelou, paroisse d'Entramnes, lui devait une paire de gants. Il recevait les hommages de plusieurs autres fiefs dans cette commune, entr'autres : de Montigné, à Macé de la Naye, en 1356, de la Clémencerie, à Jehan Clément, en 1356, du Frêne, de Lanerie, de Jehan de la Roche, pour la Roche-aux-Clercs, etc...

Montigné, ferme située dans la commune d'Entramnes, avait aussi un fief. Il fut réuni à la baronnie par le mariage de Jehanne Pelisson avec Charles de Maillé, comte de la Tour-Landry, comme il a été dit ci-dessus.

Les Ouestres appartenaient à la famille Rivault.

Michel Rivault, châtelain d'Entramnes, était seigneur d'Ouestre en 1526. En 1543, Guyon Rivault était seigneur d'Ouestre.

Industrie. — Commerce. — *Ardoisières.* — On a exploité jadis des carrières d'ardoises dans la commune d'Entramnes, sur les terres de la Chesnaye et sur celles du Châtellier. On y voit encore des monticules de débris ardoisiers et des excavations profondes, qui annoncent qu'il exista une exploitation assez étendue. Des aveux de la châtellenie des années 1417, 1432 et 1589, font mention de ces carrières qui alors étaient en activité. D'après les débris qui subsistent, l'ardoise de ces carrières était d'une grande épaisseur et de qualité qui paraît avoir été fort médiocre. On a abandonné cette exploitation depuis de longues années. *(Aveux de la châtellenie).*

Etoffes de laine. — Avant 1789, on fabriquait dans la paroisse d'Entramnes des étoffes de laine dites *droguets croisés simples, de diverses couleurs.* Il existait sur la Jouanne, au-dessous du pont, un moulin à fouler les draps, appelé le *Moulin de Chantereine.* Cette industrie a disparu et le moulin n'existe plus aujourd'hui.

Filature de laine. — Une filature de laine établie à la chaussée de la Benâtre, sur la Mayenne, a cessé de marcher depuis plusieurs années.

Papeterie. — La papeterie Sainte-Apollonie, construite en 1830, fabrique du papier continu; elle a l'eau pour moteur au barrage de l'écluse du Port-Reingeard sur la Mayenne. Ses produits sont employés pour impression de journaux et pour tenture.

Elle occupe un grand nombre d'ouvriers, tant hommes que femmes, pour le nettoyage et la préparation des chiffons et la fabrication du papier.

Marchés. — Avant la Révolution, il y avait des foires dans le bourg d'Entramnes. Il n'existe aujourd'hui qu'un marché qui se tient dans le bourg, les vendredis de chaque semaine. On y vend des œufs, des volailles et des légumes.

L'ancien *champ de foire*, aujourd'hui en culture, est derrière le bourg, sur le chemin de Parné, et porte encore ce nom.

AGRICULTURE. — La vigne a été autrefois cultivée dans la commune, les anciens aveux font mention de terres anciennement en vignes. Depuis long temps elles sont détruites. Le nom de *Champ de la Vigne*, resté dans quelques fermes à plusieurs pièces de terres, conserve encore le souvenir des champs qui furent employés à cette culture.

On cultive dans la commune le froment, le seigle, l'orge et l'avoine ; le blé noir ou *carabin* disparaît chaque année. Les plantes fourragères cultivées sont : le trèfle et le vesceron. La culture des plantes sarclées, telles que betteraves, choux, pommes de terre, prend de l'extension.

Les variétés de froment, semées le plus communément dans la commune d'Entramnes, sont : *Le Saint-Laud* (on l'achète sur le marché de Château-Gontier);

le Vert Bâtard, *le Parisien*, *l'Anglais Blanc*, *le Petit Blanc*, *le Boucicaut Roux*, *le Breton* ou *Barbu*, etc.... (1)

Les pommes de *Frequien*, de *Saint-Michel*, de *Doux Normand* ou *Gros Doux*, de *Tuevent*, la Pomme *de Pierre Jugé*, de *Fouillé*, d'*Angevine*, etc., servent à la fabrication du cidre. (2)

Le *Frangé*, les *Rainettes* de diverses espèces, les *Pommes de Magdeleine*, de *Boutigné*, de *Paradis*, de *Grand'Mère*, de *Coing*, etc., appelées vulgairement *Pommes de Migeot*, sont conservées pour la table.

Parmi les poires, la *Poire de Céleri*, d'*Angleterre*, de *Rochefoucault*, les diverses espèces de *Bezi*, la *Poire de Jouannet*, sont employées pour le cidre.

Les instruments perfectionnés d'agriculture sont introduits à Entramnes et commencent à être d'un usage fréquent. Les machines à battre le blé, de divers systèmes, sont nombreuses.

La culture des terres se fait, partie à colonie partiaire ou à moitié produits, partie à prix de fermage.

On élève des bestiaux. Plusieurs primes ont été

(1) Cette nomenclature est donnée d'après les noms sous lesquels les différentes variétés sont connues des fermiers. Il serait à désirer qu'on pût rattacher cette synonymie si variée, à une nomenclature uniforme, afin d'éviter la confusion de noms qui existe.

Un travail a été fait dans ce but par un de nos zélés concitoyens. Une collection authentique de variétés de froment, venue de chez M. Vilmorin, a été semée ; un échantillon de chaque espèce, avec l'épi qui l'aura produit, déposé au Musée de la ville, pourra servir de type et fixer la synonymie.

(2) Nous exprimons pour les fruits à cidre, la même pensée que pour les variétés de froment. Des pépinières établies dans le chef-lieu du département, dans lesquelles chaque espèce serait cultivée, mettraient à même de détruire la confusion qui existe dans les noms sous lesquels les divers fruits sont connus, et seraient de la plus grande utilité.

obtenues par les fermiers, dans les concours du Comice agricole cantonnal, pour la beauté des produits des races bovines et chevalines.

Histoire naturelle. — Botanique. — *Plantes rares* (1). — *Cardamine Impatiens.* (Duby). Bois taillis sur les bords de la Jouanne.

Camelina Sativa. On ne trouve cette plante que dans les champs cultivés en lin. Est-elle indigène ?

Dyanthus Cariophyllus. On le voyait sur les murs du couvent de la Trappe. Il a disparu.

Hyeracium Affine. (De Candolle, *Prodromus*). — Variétés de l'*Hyeracium Sylvaticum.* (Lloyd). — *Hyeracium Vulgatum*, variétés *Tridentatum.* (Guépin). Vallée de la Dugeoterie.

Cynanchum Vincetoxicum. (Duby). *Asclepias Vincetoxicum.* (Linnée. De Candolle, *Fl. fr.*). Rochers du Plessis, rive droite de la Jouanne.

Exacum Candollii. (Duby). *Cicradia Candollii.* (De Candolle, *Prodromus*). Sur le bord de la grande route, près le Breil.

Samolus Valerandi. Au moulin de la Roche, au-dessous de la chaussée.

Butomus Umbellatus. Bords de la Jouanne, près Ecorcé.

Ornithogalum Pyrenaïcum. Bois des Ouestres.

Abama Ossifraga. Landes tourbeuses, entre le Breil et la Masure.

(1) Par *plantes rares*, nous voulons indiquer les plantes rares dans le département de la Mayenne, qui se trouvent plus particulièrement dans cette commune.

Triticum Caninum, *Triticum Sepium*. (Linnée. De Candolle). Bois montueux sur les bords de la Jouanne.

(*Catalogue des plantes du département de la Mayenne*, publié en 1838).

Géologie. — Configuration du sol. — Le sol est ondulé, coupé de vallées assez profondes. La Mayenne, sur le côté de la commune d'Entramnes, et la Jouanne, dans son parcours sur cette commune, sont bordées de rochers élevés et coupés à pic dans certains endroits.

Bancs de *Stéachiste* dans lesquels la pâte renferme un grand nombre de petits cristaux ou points d'un jaune foncé, qui sont probablement du *feldspath* en décomposition. Côte des Ormeaux, ferme de la Molèserie.

Roches de *Diorite*, sur les bords de la Mayenne, la Jarossays, la Babinière, etc... Ces roches sont en exploitation dans cette dernière localité pour l'amélioration du service de la navigation.

Schiste ardoisier, à la Chesnaye, sur le Châtellier. Ce schiste qui ne donnait que des produits de mauvaise qualité, a été exploité jadis, il est abandonné depuis fort long-temps.

Affleurement d'*Anthracite*. En 1854, on a fait près le bourg d'Entramnes des recherches qui n'ont point eu de suite.

Roches *Feldspathiques*. Vallée de la Dugeoterie, sur les bords de la Jouanne.

Schiste Micacé, *Phyllade*, *Schiste Ampeliteux* ou *Pierre noire*, *Grès* et *Sable*.

(Blavier, *Statistique de la Mayenne*.)

Météorologie. — L'église d'Entramnes fut frappée deux fois de la foudre dans les années 1763 et 1764. M. le comte de la Tour-Landry adressa à Nollet une note, dans laquelle il rend compte des effets surprenants qu'avaient produits ces deux coups d'orage dans l'intérieur de l'église.

Le 20 juin 1763, au milieu d'un violent orage, la foudre tomba sur le clocher d'Entramnes ; elle pénétra dans l'église, fondit ou noircit les dorures des cadres et des contours de *certaines niches ;* elle laissa noircies et à demi-grillées les burettes d'étain, placées sur une petite armoire ; enfin elle perça de deux trous, profonds et réguliers comme ceux d'une tarière, la crédence peinte en marbre, contenue dans une niche en pierre de tuffau.

Tous ces dégâts furent réparés ; on rétablit les dorures, on boucha les trous, on repeignit ce qui ne l'était plus. Le 20 juin 1764, le tonnerre tomba sur le même clocher ; suivant la même direction que l'année précédente, il noircit les dorures qui avaient été noircies en 1763, et pas davantage ; il fondit celles qu'il avait fondues, juste dans les mêmes limites ; les deux burettes étaient noircies, grillées comme un an auparavant ; enfin les deux trous bouchés et repeints se trouvaient débouchés. (*Annuaire du Bureau des Longitudes*, année 1837, page 347).

Au mois d'octobre 1840, la foudre produisit encore des effets singuliers en frappant la maison de ferme de la Pommeraye. Les ardoises de la couverture, sur des parties d'environ un mètre de superficie, furent enlevées dans plusieurs endroits assez éloignés les uns des autres. Les ferrures des ouvertures dans le toît furent arrachées des bois, comme par la main de l'ouvrier le plus adroit.

Le fluide électrique entra par le tuyau de la cheminée, parcourut la maison dans toute sa longueur, et alla à l'autre extrémité pénétrer dans la cave, en laissant dans la muraille un trou presque imperceptible. Il y défonça un tonneau de cidre.

La fermière et un enfant assis près de la cheminée de la maison, ne ressentirent aucune atteinte.

Faits historiques. — Charles-le-Chauve et Salomon, roi de Bretagne, eurent, en 863, une entrevue au monastère d'Entramnes. Après avoir salué Charles, Salomon lui fit serment de fidélité, et obligea tous les seigneurs de sa suite à faire la même cérémonie. Pour reconnaître ce que Salomon venait de faire, Charles lui donna, à titre de fief, une partie du territoire que l'on appelait alors *Entre deux Rivières*, avec l'abbaye de Saint-Aubin d'Angers. Ce territoire est vraisemblablement celui qui est situé entre les rivières de Sarthe et de Mayenne. (Dom Morice, *Hist. de Bretagne*, vol. I. page 47).

Passage des Vendéens. — L'émigration vendéenne se dirigeait sur Laval. L'avant-garde entra à Entramnes, le mercredi 21 octobre 1793, à onze heures du soir. A leur arrivée, les Vendéens brûlèrent l'arbre de la Liberté, planté par les patriotes au milieu du bourg. Le lendemain, dès l'aube du jour, le gros de l'armée commença à défiler.

Leur marche offrait le spectacle d'une multitude, confuse et sans ordre, d'hommes, de femmes et d'enfants, entremêlée de colonnes de troupes régulières. Le passage dura pendant toute la journée du jeudi, et une partie de la nuit suivante.

On s'était arrêté à Entramnes pour se rallier. La Rochejacquelein, général en chef, y prit ses dispositions pour entrer à Laval. Il plaça, à l'avant-garde, le gros des tirailleurs, avec deux pièces de canon, et les bagages au centre.

Les prêtres, qui accompagnaient en grand nombre l'armée royale, entrèrent dans l'église, et se saisirent des vases sacrés et des ornements, pour les soustraire à la profanation. Vers deux heures après midi, on les transporta processionnellement à Laval.

L'armée républicaine, forte d'environ 25,000 hommes, sous les ordres des généraux L'Echelle, Danican, Westermann, Kléber, Marceau, Beaupuy, etc., suivait de près les Vendéens. La garnison de Mayence en faisait la plus forte partie. Une épouvante générale précédait leur marche. Un de leurs bataillons portait le nom de *Hussards de la Mort*. Deux journées de marche séparaient les deux armées.

Le vendredi, 25 octobre, à midi, la tête de l'avant-garde des Mayençais, sous les ordres de Westermann, fit halte à Entramnes. A cinq heures du soir, elle était réunie en entier. Le bourg était désert; les habitants étaient cachés ou avaient fui dans la campagne. L'agent national, ou maire de la commune, qui remplit encore aujourd'hui (1855) ces fonctions, était resté dans sa maison. Des soldats l'aperçoivent et le conduisent au général. Westermann le fit monter à cheval, et le plaça en tête de la colonne, entre deux hussards, pour servir de guide à son avant-garde.

Le besoin de réorganisation et l'espoir de se recruter arrêtèrent les Vendéens à Laval. Instruits de l'approche de l'ennemi, leurs chefs tinrent conseil, la majorité fut d'avis d'aller à sa rencontre et de le combattre.

Westermann n'avait avec lui que 4,000 hommes. Il était en avant de six lieues du gros de l'armée qui devait le soutenir ; persuadé que l'armée vendéenne a déjà dépassé Laval, qu'il n'atteindra que son arrière-garde, il s'avançait en toute confiance et arrivait aux *Landes de la Croix-Bataille.*

Là, les Vendéens, embusqués à droite et à gauche de la route, le reçurent par une vive fusillade, dans l'endroit où s'élève aujourd'hui la chapelle commémorative des quatorze prêtres guillotinés à Laval quelques mois avant. L'infanterie mayençaise ne fut point ébranlée, elle répondit avec intrépidité au feu des Vendéens.

L'acharnement était tel de part et d'autre, qu'on voyait Vendéens et républicains, se disputer, à l'arme blanche, les cartouches aux mêmes caissons. Au milieu du combat, le maire d'Entramnes était parvenu à descendre de son cheval. Il s'éloigna du champ de bataille, non sans recevoir plusieurs coups de feu, auxquels il eut le bonheur d'échapper.

Après deux heures de combat, Westermann voulait encore tenir, Beaupuy ordonna la retraite. Les républicains bivouaquèrent à peu de distance du champ de bataille. (BEAUCHAMP).

Le général L'Echelle arriva le 25 avec le corps d'armée. Westermann et Danican, en se retirant, s'étaient établis, avec l'avant-garde, sur les hauteurs de la *Dugeoterie*, qui dominent le pont d'Entramnes, position qui eût pu favoriser le passage du pont à l'armée. L'Echelle leur ordonna de quitter cette position.

Westermann attribua la perte de la bataille à cette faute, qui fut reprochée à L'Echelle.

La Rochejacquelein apprit par ses éclaireurs que l'armée républicaine entière était réunie à Entramnes. Il rassemble ses forces dans l'intention de la prévenir et de l'attaquer. Lescure, blessé et mourant, se fait porter dans les rangs. Sa présence enflamme le courage des Vendéens ; tous demandent à combattre.

L'Echelle s'avançait avec toute son armée sur une seule colonne ; le terrain ne lui permit pas de la disposer avec avantage. Son intention était d'attaquer le premier ; mais pris à l'improviste, il n'eut pas le temps de se développer.

Les hauteurs qu'avaient abandonnées Westermann et Danican étaient au pouvoir de Bernard de Marigny, commandant de l'artillerie vendéenne. Marigny ordonne de faire feu à mitraille sur les Mayençais qui formaient l'avant-garde. La tête de la colonne républicaine, décimée par le feu des batteries vendéennes, est enfoncée, et se replie sur le gros de l'armée. Les tirailleurs vendéens se précipitent sur elle par pelotons et font tout plier. Le désordre gagna bientôt toute l'armée. Le pont d'Entramnes porte encore les traces des boulets vendéens.

L'Echelle ne peut rallier ses soldats ; il ose dire à un

Mayençais : « — *Qu'ai-je donc fait pour commander « à de pareils lâches ?* » Le soldat, blessé à mort, lui répond : « — *Qu'avons-nous fait, nous, pour « être commandés par un pareil j... f...?* »

Pendant tout ce temps, le bourg d'Entramnes ne cessa d'être encombré d'ambulances, de fuyards, et de blessés que l'on jetait dans les maisons.

Kléber, Marceau, Chalbos, Westermann, et les représentants du peuple se réunissent ; Merlin de Thionville force L'Echelle, à qui on attribuait la défaite par les mauvaises dispositions qu'il avait prises, à se démettre du commandement ; Chalbos fut nommé provisoirement à sa place.

Au delà du bourg, les Mayençais se retournèrent et cherchèrent de nouveau à arrêter les Vendéens. Ils furent culbutés.

Une lutte sérieuse recommença au passage du pont d'Ouestre, à environ trois ou quatre kilomètres du bourg. Le pont est situé dans une gorge, et la route, creusée dans la montagne, présentait des deux côtés des élévations favorables pour arrêter l'ennemi.

Le combat recommença là avec acharnement. Stofflet, suivant le conseil de Jean Chouan, tourna l'ennemi pour le prendre en flanc. Ce mouvement décida la victoire, les Mayençais lâchèrent pied, laissant un grand nombre de morts.

L'armée républicaine, ne pouvant ni combattre ni se rallier, s'enfuit jusqu'à Château-Gontier.

Dans la nuit du dimanche et pendant le jour suivant, une partie des vainqueurs repassèrent par le bourg d'Entramnes. Le reste de l'armée vendéenne avait été envoyé à Craon par le général La Rochejacquelein, contre la division Aulagnier, qui n'avait point pris part au combat.

Dans les jours qui suivirent, les habitants du bourg d'Entramnes, rentrés chez eux, s'occupèrent du soin d'inhumer les morts. Plusieurs jours se passèrent à remplir ces tristes devoirs. Il y a dans la commune des champs où l'on plaça plus de quarante cadavres dans une même fosse. Long-temps après, on retrouvait encore dans les fourrés et dans des champs de genêts, le corps de quelque malheureux blessé, réfugié dans cet asile et qui avait trouvé la mort, faute de soins. (BEAUCHAMP. — CRÉTINEAU-JOLY. — DES CEPEAUX (1).

L'année suivante, 1794, le bourg d'Entramnes fut le théâtre d'un sinistre évènement, suite des guerres civiles qui désolaient le pays.

Un parti de *Chouans* vint se loger dans le château. Obligé de fuir devant les *Bleus*, ils ne voulurent pas laisser derrière eux de logements à l'ennemi. En se retirant, ils mirent le feu au château. L'incendie dura plusieurs jours et dévora le vieux manoir en entier, sans que personne vînt apporter du secours. Il n'en resta que les murs.

Le feu fut aussi mis à l'église. Déjà l'échelle qui monte au clocher était en feu, une pieuse femme dont on regrette que le nom n'ait pas été conservé, se pré-

(1) M. le curé d'Entramnes a bien voulu aussi nous donner quelques notes, recueillies d'après les témoignages de personnes encore vivantes, surtout de M. Rabbé, maire, qui avait joué un rôle dans le commencement de l'action aux Landes de la Croix-Bataille.

cipita : elle parvint à arrêter le commencement d'incendie, et à sauver l'édifice de sa destruction.

Près d'un demi-siècle après ces temps, il se passa dans la commune d'Entramnes, un évènement, suite de l'insurrection de 1832. Au mois de septembre 1833, la diligence de Laval à Angers, ayant deux gendarmes pour escorte, transportait à Laval les fonds de la recette particulière de Château-Gontier. Vers midi, à son passage au pont d'Ouestre, une bande de quinze à vingt jeunes gens arrête la voiture publique. On déclare aux voyageurs qu'ils n'ont rien à craindre, qu'ils aient à se tenir tranquilles, que ce n'est qu'à l'argent du gouvernement que l'on en veut.

En peu de temps, les gendarmes, forcés de mettre pied à terre, furent désarmés, et l'argent pris. Les gendarmes, retenus pendant que la voiture était conduite au pas, ne furent relâchés que lorsqu'elle eut atteint le sommet de la côte. La bande disparut alors et l'on n'en entendit plus parler. Le gouvernement perdit une somme d'environ 20,000 francs.

ROUTES, CHEMINS ET VOIES DE COMMUNICATION.— La route impériale N° 162 d'Angers à Caen, traverse la commune dans toute sa longueur. Deux ponts à une seule arche chacun, construits vers la fin des deux derniers siècles, servent de passage aux rivières de la Jouanne et de l'Ouette.

Outre la route impériale, la commune a trois autres chemins de grande vicinalité : Les chemins d'Entramnes à Parné, à Forcé et à Maisoncelles (ce dernier en voie d'exécution).

Biographie. — Jean-Marie de Maillé de la Tour-Landry, fils de Charles-Louis de Maillé de la Tour-Landry et de Marie-Françoise de Savonnières, naquit au château d'Entramnes, le 6 décembre de l'année 1743.

Il fut d'abord vicaire-général de Mgr de Hercé, évêque de Dol. Elevé, en 1782, à l'épiscopat, il occupa le siége de Gap, d'où, en 1782, il passa à celui de Saint-Papoul, évêché de peu d'étendue, mais d'un revenu considérable, suffragant de l'archevêché de Toulouse.

La Révolution força Mgr de Maillé à quitter son diocèse; il vint à Paris, où il se fit connaître par le zèle qu'il déploya pour le saint ministère dans ces temps de persécutions. Il fut presque le seul prélat qui resta en France et qui continua à remplir ses fonctions épiscopales pendant les temps les plus orageux de la Révolution.

Ce fut lui qui donna les ordres sacrés à MM. Triquerie, ancien principal du collége de Laval, et Tessier, vicaire de la Sainte-Trinité de Laval, qui, pendant la plus grande terreur, ne cessèrent d'exercer avec zèle, au péril de leur vie, leur ministère dans notre ville.

Pendant les plus mauvais jours de la Terreur, Mgr de Maillé sut éviter le sort cruel réservé aux prêtres. Arrêté après le 18 fructidor, il fut envoyé à l'Ile de Ré, en attendant sa déportation à la Guyane. Enchaîné sur une charrette, durant le voyage, n'ayant, au milieu de l'hiver, qu'une mauvaise couverture pour se couvrir, il supporta avec patience et dignité les épreuves qu'on lui fit souffrir.

Son séjour à l'Ile de Ré dura jusqu'à la fin de l'année 1799, époque où Bonaparte, arrivé au pouvoir, rendit la liberté aux prêtres déportés.

Mgr de Maillé fut, en 1802, nommé au siége de Rennes. Il parvint à réorganiser son diocèse ; les efforts qu'il eut à faire pour atteindre ce but, détruisirent sa santé. Le 27 novembre 1804, âgé de soixante et deux ans, il mourut à Paris. Quelques jours après ses obsèques, les curés de Paris, en témoignage de leur reconnaissance, célébrèrent pour lui un service très solennel, auquel assistèrent tous les évêques qui se trouvaient dans la capitale. (Voir le *Mémorial de la Mayenne*, année 1845, tome IV, page 302. Laval, H. Godbert).

ANTIQUITÉS. — *Anciennes voies.* — Le bourg d'Entramnes a-t-il toujours été situé à la place qu'il occupe aujourd'hui ? Des sarcophages, ou cercueils en pierre, trouvés près le bourg, dans le voisinage de l'église et de la place présumée de l'ancien monastère, attestent qu'à une époque reculée, Entramnes, *Inter amnes*, était déjà un lieu privilégié, qui servait de sépulture aux chrétiens, lorsque le christianisme commença à s'étendre dans nos contrées. Les lois défendaient alors d'inhumer les chrétiens hors des cimetières qui entouraient les églises (1). L'église, comme nous l'avons dit, avait été consacrée par saint Julien, Ier évêque du Mans. (MABILLON. *Analecta*).

(1) DOM PIOLIN. *Hist. de l'Eglise du Mans.*

Un établissement gallo-romain, antérieur au bourg, paraît avoir existé au confluent de la Jouanne et de la Mayenne. Par sa position primitive, il aurait reçu le nom d'*Inter amnes* que le bourg a conservé.

Le monastère d'Entramnes dont le temps de la fondation est ignorée, fut, dès les premières années du IXe siècle, au temps de saint Aldric, évêque du Mans, assez important, pour que ce saint prélat y consacrât, pendant la durée de son épiscopat, jusqu'à soixante-cinq religieuses, et qu'il y prît, avec l'autorisation de l'empereur Louis-le-Débonnaire et de l'impératrice Judith, son épouse, des religieuses pour les transférer dans l'abbaye de Sainte-Marie près le Mans. La règle de saint Benoît était suivie dans ces deux maisons. L'existence du monastère détermina-t-elle les habitants à venir se grouper à l'entour et à former ainsi le nouveau centre de population ?

Le monastère fut détruit à l'époque où les Normands et les Bretons dévastèrent nos provinces, au cours du IXe siècle. Le bourg subsista avec son église en ruine. Les temps calmes revenus, les habitants la réédifièrent. Elle porte évidemment les caractères du XIe siècle, époque de tranquillité pour la France. Une petite portion du mur, à l'Occident, conserve les caractères de l'église primitive que saint Julien a dû consacrer, et qui fut vraisemblablement celle du monastère.

Nous rapporterons ici l'opinion de M. l'abbé Voisin (*Les Cénomans anciens et modernes*), qui fait succéder Entramnes à la cité d'Erve ou *Vagoritum*, lors de la destruction de cette ville.

Entramnes, dit-il, placé au centre de la région des Arviens, recueillit une partie des habitants du chef-lieu.

Au IXe siècle, la *condita* (1) portait encore le nom d'Entramnes; les *trois vici* étaient la *cité d'Erve* ou *Sauges*, *Entramnes* et *Cossé-le-Vivien*.

Plus tard, Laval devenu cité, lors de la destruction normande, se serait enrichi des habitants des villes de Jublains, Entramnes et Sauges, lorsque ces villes furent renversées.

La rivière de la Jouanne, après avoir traversé la commune, réunit ses eaux à celles de la Mayenne, en faisant un angle resserré. C'est dans le terrain, compris entre ces deux rivières, qu'existent des traces de cette *station gallo-romaine*, qui aurait été l'origine première du bourg d'Entramnes.

L'angle était fermé par un fossé avec talus. Le sentier qui conduit du chemin de l'abbaye de la Trappe à la papeterie, passe sur le sommet d'un reste de ce talus, élevé et d'une grande épaisseur.

Sur son prolongement, en descendant à la Mayenne, des travaux récents de clôture, exécutés par les religieux Trappistes, ont fait rencontrer des portions de murailles, dont la solidité et la dureté de la maçonnerie indiquent un travail ancien.

A l'extrémité opposée, dans la même direction, des travaux de terrassements firent voir une ligne

(1) *Condita*, district ou arrondissement, réunissait trois *cantons* ou *vici*. Auguste, suivant l'auteur que nous citons, partagea tout le Maine en quatorze *districts* ou *arrondissements* (*condita*) et chaque condita en trois *vici* ou *cantons*.

d'un terrain meuble, mêlé de pierres en grande quantité, annonçant les débris d'un mur avec un large fossé.

Au milieu de ce triangle, un carré long, clos de murs, était le *prætorium*. C'est aujourd'hui un village, composé de cinq à six feux, dont le nom rappelle l'existence d'un château ou forteresse : le *Châtellier*, *Castellum*, *Castellulum*. Le côté occidental du parallélogramme est fermé par un talus de terre élevé et épais, qui conserve encore le nom de *mur de César*, tant le nom de ce conquérant des Gaules se trouve mêlé à toutes les origines inconnues.

Dans cette enceinte, des travaux de terrassements n'ont fait trouver qu'une quantité considérable de vieux fers, rongés par la rouille, trop frustes pour indiquer une époque quelconque. On y a trouvé des meules en grès ferrugineux, de 30 à 40 centimètres de diamètre, sur 15 à 20 centimètres d'épaisseur, s'emboîtant l'une dans l'autre, et servant à moudre le blé, avant l'invention des moulins.

La voie antique du Mans à Rennes par Jublains, se prolongeait sur Entramnes par Rubricaire, Vagoritum, passait la Jouanne à Parrenay (Pas Rennais). On la connaît encore sous le nom de Chemin Rennais. La station *gallo-romaine* d'Entramnes était placée sur cette voie et servait à la protéger.

C'est cette voie que suivaient, en 863, Charles-le-Chauve et Salomon, lorsqu'ils se rencontrèrent au monastère d'Entramnes.

Ne serait-ce point aussi cette voie qu'aurait suivie, en 845, Noménoë, roi de Bretagne, lorsqu'il livra bataille à Charles-le-Chauve et le défit *apud Vallum*, que l'on a traduit par *Ballon*, lieu dont la position n'est pas encore bien déterminée.

Toutefois, cette ancienne voie, dans laquelle on ne voit, dans son parcours sur le territoire d'Entramnes, aucun des caractères qui peuvent faire reconnaître une voie romaine, se bifurquait après avoir passé près de cette position. Une partie se dirigeait vers Laval, l'autre passait la Mayenne au gué de Bonnes et allait vers le bois de l'Huisserie, qui à cette époque devait faire partie de la vaste forêt de Concise.

Aucune maison du bourg ne présente de caractère particulier. Une seule, à l'entrée, du côté de Laval, semble appartenir au XVIe siècle.

Plusieurs maisons portent des noms particuliers, dont l'origine est inconnue. On y trouve :

La maison du *Petit-Montigné* ;

La maison de l'*Audience*, ou l'*Auditoire*, contiguë au mur du château ;

La maison de *Belle-Branche*. — Avait-elle quelque rapport avec l'abbaye de ce nom, dans la commune de Saint-Brice ?

La maison du *Bourg-Chevreau*, etc...

Fête patronale. — La fête patronale ou *assemblée* a lieu le dimanche qui suit l'Invention du corps de saint Etienne, premier martyr, patron de la paroisse, le 3 août de chaque année.

ADDITIONS.

Page 12. — René Madiot (mort en 1791), avait résigné sa cure à son neveu, Jean-Baptiste Boullier, qui fut son successeur. M. Boullier, au commencement de la Révolution, continua d'exercer ses fonctions dans sa cure, malgré l'arrivée d'un curé constitutionnel. Après le départ d'un premier *intrus*, il rentra dans sa paroisse, et fut une seconde fois obligé d'en sortir. Il fut forcé de séjourner à Laval pour répondre à l'appel, et enfin déporté en Angleterre. (*Mémoires ecclésiastiques* par M. Isidore Boullier, un vol. in-8°. — Laval, H. Godbert, 1846).

Le 3 mai 1803, 13 floréal an XI de la République, M. Boullier fut réintégré dans la cure d'Entramnes. Mort en 1808, à l'âge de 54 ans ; il eut pour successeur Jean-Baptiste Beucher.

Page 45. — Des renseignements sur la fin tragique du dernier des barons d'Entramnes nous sont parvenus trop tard pour prendre leur place. Nous les devons à l'obligeance de M. Foubert père, ancien propriétaire dans la commune d'Entramnes. Ils complètent ce que nous avons dit sur cette famille pendant que cette baronnie fut en sa possession.

M. Jean-Louis de Maillé, comte de la Tour-Landry, baron d'Entramnes, fut enfermé, comme suspect, à l'Abbaye, au cours de la Révolution. Dans les journées de septembre 1793, lorsque le peuple se gorgeait de sang dans les prisons, son boucher, membre du Comité révolutionnaire, se présente devant lui, montrant un papier qu'il tient en main, et lui annonçant qu'il vient pour le sauver ; il a, dit-il, obtenu son élargissement du Comité révolutionnaire, et il l'engage à le suivre dans un lieu écarté afin d'échapper aux bourreaux.

M. de Maillé, se fiant à cet homme, dont il n'a aucun motif de suspecter la bonne foi, et voyant un espoir de salut, le remercie et le suit sans la moindre défiance. Il marchait derrière lui, lorsqu'à peine avaient-ils fait quelques pas, cet homme se retournant vivement, lui plonge, dans l'abdomen, un long couteau qu'il tenait caché sous ses vêtements.

M. de Maillé était doué d'une force athlétique ; se sentant blessé, il se précipita sur son assassin, et d'un mouvement convulsif, le serra à la gorge avec une telle force qu'il l'étrangla. M. de Maillé, dont cette lutte acheva d'épuiser les forces, succomba en même temps.

M. de Maillé, comte de la Tour-Landry, avait épousé demoiselle Perrine-Jeanne-Marguerite Le Roux, fille d'un colon de Saint-Domingue, riche de plus de deux cent mille livres de rente. L'insurrection de la colonie lui fit perdre toute cette fortune. Il laissa deux enfants : Fortuné de Maillé, qui mourut au Temple, par suite des mauvais traitements que le geôlier de cette prison lui fit éprouver, et Mlle Blanche-Félicité de Maillé. Elle était d'une grande beauté, et épousa M. de Montaigu.

TABLE DES MATIÈRES.

Imprimerie de H. Godbert, libraire à Laval.

www.ingramcontent.com/pod-product-compliance
Ingram Content Group UK Ltd.
Pitfield, Milton Keynes, MK11 3LW, UK
UKHW020340250726
13967UKWH00005B/2039